ANDREAS HOCK

Günther hat sein Käsebrot fotografiert. 342 Freunden gefällt das

ANDREAS HOCK

Günther hat sein Käsebrot fotografiert. 342 Freunden gefällt das

Über den sozialen Niedergang durch Smartphones und die Digitalkultur

riva

Bibliografische Information der Deutschen Nationalbibliothek
Die Deutsche Nationalbibliothek verzeichnet diese Publikation in der Deutschen National-
bibliografie. Detaillierte bibliografische Daten sind im Internet über http://dnb.d-nb.de abrufbar.

Für Fragen und Anregungen:
info@rivaverlag.de

1. Auflage 2017

© 2017 by riva Verlag, ein Imprint der Münchner Verlagsgruppe GmbH
Nymphenburger Straße 86
D-80636 München
Tel.: 089 651285-0
Fax: 089 652096

Dieses Buch ist eine völlig überarbeitete Neuauflage des Titels *Like mich am Arsch – Wie
unsere Gesellschaft durch Smartphones, Computerspiele und soziale Netzwerke vereinsamt
und verblödet*.

Redaktion: Antje Steinhäuser
Umschlaggestaltung: Melanie Melzer
Umschlagabbildung: Illustration: © Melanie Melzer, Hintergrundbild: © sl_photo/Shutterstock
Satz: Carsten Klein, München
Druck: GGP Media GmbH, Pößneck
Printed in Germany

ISBN Print: 978-3-7423-0048-5
ISBN E-Book (PDF): 978-3-95971-432-7
ISBN E-Book (EPUB, Mobi): 978-3-95971-433-4

Weitere Informationen zum Verlag finden Sie unter:

www.rivaverlag.de

Beachten Sie auch unsere weiteren Verlage unter www.m-vg.de

Inhalt

Vorwort von Monika Gruber   7

Weil unser soziales Netzwerk früher draußen war   13

Weil das Smartphone nichts mehr mit einem Telefon zu tun hat   31

Weil wir uns nicht mehr auf unseren Verstand verlassen   47

Weil Facebook nichts zu verschenken hatte   59

Weil wir trotz 1000 Freunden womöglich allein bleiben   73

Weil ein Käsebrot keinen Nachrichtenwert hat   91

Weil sich ein blöder Spruch nicht mehr zurückholen lässt   101

Weil jedes Urlaubsfoto brandgefährlich werden kann   115

Weil wir auf Tinder nicht die wahre Liebe finden   129

Weil auf YouTube viel zu viele unnütze Dinge zu sehen sind   145

Weil uns die Technik sogar krank machen kann   157

Weil das digitale Erbe sogar nach dem Tod Probleme bereitet   167

Vorwort von Monika Gruber

Eigentlich mag ich es ja nicht, wenn Leute immer sagen: »Früher war alles besser!« Aber mal unter uns Analog-Brüdern und -Schwestern, die noch wissen, was ein Commodore 64 war: Es stimmt! Ich bin mir ziemlich sicher, seit ich vor Kurzem ein junges Mädchen auf dem Fahrrad gesehen habe, das offensichtlich eine so innige Verbindung zu seinem Smartphone hatte, dass es die Augen nicht vom Display wenden konnte – bis sich ihm ein tapferer Laternenpfahl in den Weg stellte, um zu verhindern, dass das arme Mädel kopfüber in den neben dem Radweg liegenden Fluss stürzte.

Wenn man heute in der U-Bahn oder auch in einem Restaurant sitzt und seine Mitmenschen beobachtet (ich nenne es immer »People-TV«), kann man davon ausgehen, dass man dabei der Einzige ist. Anstatt sich miteinander zu unterhalten oder zumindest das Essen zu genießen, starren vier Personen auf einer Bank oder an einem Tisch auf ihre jeweiligen Telefone oder Tablets. Ganze Konzerte von Künstlern von Weltruf (Zitat aus Helmut Dietls *Monaco Franze*) schauen sich die Besucher nicht mehr vor Ort an, sondern glotzen wie Autisten auf das Display. Auf der heimischen Couch lässt sich das Konzerterlebnis schließlich am nächsten Tag viel intensiver empfinden, als wenn oben genannter Künstler leibhaftig und in Lebensgröße vor einem steht. Ja, manche stürzen sogar über Klippen zu Tode bei dem Versuch, das perfekte Selfie für die Daheimgebliebenen zu schießen. Und nichts bringt diese Süchtigen wieder ins analoge Leben zurück, weil man halt dummerweise nicht davon ausgehen kann, dass der Mensch wie eine Katze mehrere Leben hat: weder gutes Zureden noch Geschichten von früher, als Geschichten noch gelesen wurden und nicht auf »YouTube« anzuschauen waren, noch starkes Schütteln oder Abwatschen. Ich habe alles ausprobiert!

Dass »Facebook« und E-Mails blöd, blind und einsam machen, vermute ich schon lange, und bei der Lektüre von Andreas Hocks Buch fiel mir wieder eine Studie ein, die ich vor Kurzem gelesen habe: Der Jetztzeit-Homo-sapiens wird durch das ständige, ja krankhafte Checken seiner Mails stärker abgelenkt als durch Kiffen – und entwickelt sich dadurch quasi zum »Homo demens«. (Ich möchte an dieser Stelle betonen, dass diese Studie weder frei erfunden noch von mir ist!).

Eine andere Untersuchung besagt, dass wir alle 11 Minuten unsere Mails beziehungsweise unsere SMSen überprüfen und danach ungefähr 15 Minuten brauchen, um uns wieder auf die ursprüngliche Tätigkeit zu konzentrieren. Schade nur, dass das zeitlich nicht ganz aufgehen kann. Diese Studie hatte wohl auch der Maler beherzigt, den ich neulich dabei beobachtete, wie er eine Hauswand strich: In der einen Hand hielt er den Pinsel, mit dem er monoton die Wand auf und ab wischte, in der anderen sein Smartphone, mit dem er genauso monoton nach seinen Nachrichten wischte. Sie dürfen raten, wohin sein Blick gewandt war. Kleiner Tipp: Es war nicht die zu streichende Wand!

Und die Menschheit ist nicht nur dabei, zu verblöden und zu vereinsamen. Sie ist auch sehr gut darin, sich selber zu belügen, denn absurderweise kämpfen gerade die Deutschen immer sehr energisch und vehement gegen digitale Überwachung und Spionage, um gleichzeitig im Netz hemmungs- und bedenkenlos blankzuziehen: Jede Pore, jeder (Waden-)Krampf, jede Puls-Amplitude, jeder Anflug eines Beziehungsstatus, jeder von Cappuccino durchfeuchtete Cappuccinotassenuntersetzer aus Papier, jeder Floh im Pelz eines Haustieres – ach, die Liste ließe sich fortführen von hier bis an den leider sehr selfietauglichen Hafen von Portofino – wird mittels Smartphone oder dieser gerade sehr populären Überwachungsarmbänder an Krankenkassen, Fast-Food-Ketten, Marktforscher, den eigenen Chef und andere Kasper weitergegeben. Nur damit in Silicon Valley ein paar Computer-Nerds den digitalen Beweis unserer eigentlich doch so sympathischen Unvollkommenheit haben. Eine Schwäche, die es auszumerzen gilt bei den zu entwickelnden künstlichen Wesen, die wahrscheinlich in nicht allzu ferner Zukunft unsere schöne Welt bevölkern werden. Und gerade deshalb sollten wir die Zeit, in der wir gerade leben, nicht nur als Sklaven der Technik verbringen, denn das Einzigartige daran ist laut eines US-Wissenschaftlers, dass »wir später sagen werden, dass wir noch Menschen sein durften«.

Andreas Hock ist ein genauer Beobachter, der es versteht, humorvoll und selbstironisch den digitalen Quantensprung und seine sozialen (oder vielmehr seine asozialen) Auswirkungen unterhaltsam zu beschreiben. Und zwar so, dass auch ein technisch wenig versierter Zeitgenosse (also ich) seinen Schilderungen folgen kann – auch wenn ich noch nie in meinem Leben von Spielen gehört habe, die »Pong« oder »Donkey Kong« hießen. Da er – wie ich auch – aber noch die Zeiten erlebt hat,

- in denen man zwar weniger als 200 »Freunde« hatte, aber trotzdem nicht einsam war,
- in denen man die *Bravo* oder den *kicker* mit aufs Klo genommen hat und nicht das Laptop,
- in denen man das Essen bei der aussterbenden Spezies Kellner anstatt per App bei einem Lieferservice bestellt hat und dazu Föhn-

frisur und die »gute« Hose trug statt Speckhaare und löchrige Sweatpants,

- in denen man das Objekt seiner Begierde ganz in echt ins Kino oder zum Tanzen eingeladen hat, anstatt es über Mausklicks über Herrn Tinder finden zu lassen,
- in denen man sich mit gestammelten Worten und unter Tränen von seinem Freund beziehungsweise seiner Freundin getrennt hat anstatt per SMS,

kommt uns sehr vieles heutzutage völlig absurd, unsinnig und irgendwie befremdlich vor.

Schon klar, kein Mensch möchte mehr nachts ohne Mobiltelefon im Auto unterwegs sein, weil: Falls etwas passiert, ist Hilfe nicht weit. Kein Mensch möchte mehr Familienangehörige längere Zeit im Ausland wissen, ohne regelmäßig mit ihnen skypen zu können. Und kein Mensch möchte plötzlich nicht mehr die Möglichkeit haben, seinen Freunden zu schreiben: »Meld dich doch mal wieder ... vermisse dich!« oder: »Sorry, verspäte mich um fünf Minuten!«

Denn es ist toll – keine Frage – zu jeder Zeit über alle Distanz mit den Menschen, die einem etwas bedeuten, Kontakt halten zu können. Darauf folgt nämlich meist das wirklich Wunderbare, und das ist dann doch wieder ziemlich Old-School: Zeit mit den Lieben zu verbringen, gemeinsam zu lachen, zu essen, zu diskutieren, sich zu streiten und sich zu umarmen, sich an den Händen zu halten, sich in die Augen zu sehen. Und dazu braucht man überhaupt kein Tablet, kein Smartphone, kein Pokémon und kein Instagram. Oder wie mein Lieblingssänger – nach Frank Sinatra – Mr. Tony Bennett es so schön formulierte: »Was gut ist, bleibt einfach gut, und man kann und muss es nicht ändern!« Schön, dass uns Andreas Hock daran so amüsant und tiefgründig erinnert: An ihm ist wirklich ein großer Schriftsteller verloren gegangen!

Weil unser soziales Netzwerk früher draußen war

Als ich neun oder zehn war, sah der größte und wichtigste Teil meiner Freizeit und selbstverständlich auch der meiner Freunde noch folgendermaßen aus: Wir schleuderten, sobald wir aus der Schule wieder nach Hause kamen, den Ranzen in die Ecke, schlangen eilig das Mittagessen hinunter, versicherten unseren Müttern, die Hausaufgaben schon in der Freistunde zwischen Mathe und Geschichte erledigt zu haben – und dann sahen wir zu, dass wir rechtzeitig auf den Bolzplatz gelangten. Wenn wir nicht früh genug dort waren, spielten stattdessen eine Menge anderer Jungs auf der Wiese hinter dem Gemeindehaus Fußball. Sie nannten sich wie wir Rummenigge, Kaltz und Briegel, und die Aussichten, dass sie vor der Dämmerung aufhörten, waren denkbar schlecht.

Natürlich gab es nicht nur den Fußball in unserem Leben. Wir beschäftigten uns in den Sommern auch noch mit dem Bau von Staudämmen und Baumhäusern, wir schwammen gemeinsam im Baggersee um die Wette oder absolvierten Fahrradrennen auf selbst angelegten Hindernisparcours. In den Wintern konstruierten wir an den ganz unwirtlichen Tagen notgedrungen Wolkenkratzer aus Pappkartons oder holten die uralte Märklin-Eisenbahn aus dem Keller, deren Landschaften und Gebäude noch mein längst verstorbener Großvater Herbert zusammengeleimt hatte. Ansonsten gingen wir Schlittschuh laufen auf dem zugefrorenen Stadtparkweiher, duellierten uns bei wilden Schneeballschlachten und warteten ungeduldig, bis es endlich wieder wärmer wurde.

Es war, das kann ich aus heutiger Sicht mit voller Überzeugung sagen, eine wunderschöne und aufregende Zeit, in der ich selbstverständlich bereits in einem sozialen Netzwerk Mitglied war: Meines bestand hauptsächlich aus Alex, Basti oder Markus und traf sich mit mir im Freien.

Das Komische ist: Wenn ich das aufschreibe, hört es sich beinahe so an, als hätte ich als kleiner Bub in einer von der Außenwelt abgeschnittenen Einöde gelebt oder sei beim Spielen über die letzten Schuttberge des Zweiten Weltkriegs geklettert, aber dem war freilich nicht so. Ich bin Mitte der Siebzigerjahre in einer Großstadt geboren und aufgewachsen – und musste insofern glücklicherweise auch keinerlei existenzielle Entbehrungen erleiden: Es stand immer ausreichend zu essen auf dem Tisch, meine Kleidung stammte nicht vom Roten Kreuz, sondern aus dem Kaufhaus, und in den Italien-Urlaub fuhren wir auch. In unserem Haushalt gab es zwei Telefone, zwei Fernseher, einen VHS-Videorekorder und sogar einen Mikrowellenherd. Auch die modernen Medien spielten in meiner Familie durchaus eine Rolle. So saßen wir samstagabends gemeinsam vor dem Fernseher und guckten Sendungen wie *Einer wird gewinnen, Auf los geht's los* oder *Wetten, dass …?*. Das Praktische daran wiederum war, dass man dadurch automatisch ausreichenden Gesprächsstoff für den gesamten Schulmontag und mindestens die kleine Pause am Dienstag besaß. Und es war verdammt noch mal total spektakulär, wenn Joachim Fuchsberger im Pyjama moderierte, ein Mann eine Wärmflasche aufblies oder Cher in Strapsen auftrat.

Fuchsberger und seine Kollegen Hans-Joachim Kulenkampff, Frank Elstner, Rudi Carrell oder Thomas Gottschalk, die nicht nur meine Generation so nachhaltig unterhielten, könnten sich heute mit einer Flugabwehrkanone in die Erdumlaufbahn schießen lassen, es würde auf dem Schulhof nicht einmal den spießigsten Klassenstreber aus der ersten Reihe interessieren – angesichts des Angebots an sich in grotes- kem Tempo abwechselnden Abnormitäten und Irrwitzigkeiten, die vor allem das Internet nach zwei, drei Klicks für jedermann parat hält. Nur: Internet gab es eben noch keines, als ich klein war. Technisch gesehen könnte man also sagen, dass ich zu einer der letzten Generationen ge- höre, deren Kindheit eher analog ablief. Was für ein Glück das tatsäch- lich war, konnte ich zum damaligen Zeitpunkt noch nicht wissen.

Obwohl auch auf mich zugegebenermaßen bald eine vollkommen neu- artige Erfindung einen zunehmenden Reiz ausübte: Wenn ich mit mei- nen Eltern an einem unserer sonntäglichen Familienausflüge in einer Gaststätte mit einem besonders innovationsfreudigen Wirt einkehrte und mein Vater einen großzügigen Tag erwischte, drückte er mir nach dem Mittagessen ein oder zwei Mark in die Hand. Das Geld steckte ich umgehend in einen dieser futuristischen Arcade-Apparate, die seit ei- niger Zeit meistens irgendwo in der Nähe der Toiletten herumstanden. Eines der Spiele, die damals praktisch die halbe Welt eroberten, hieß »Pong« und bestand aus einem schwarzen Bildschirm, der durch eine gestrichelte Linie in der Mitte geteilt war. Auf der linken und der rech- ten Seite befand sich je ein etwa drei Zentimeter langer Balken, den man nach oben und unten bewegen konnte und der in der Fachsprache »Schläger« genannt wurde. Damit musste der Spieler ein einzelnes Pi- xel, das aussah wie ein Würfel, aber einen Ball darstellen sollte, abweh- ren und so auf die Seite des Gegners befördern. Für mich und meine Altersgenossen war diese Maschine mit den Ausmaßen einer Kühl-/ Gefrierkombination nicht weniger als ein technisches Wunder. Uns be- schlich eine leise Ahnung, dass diese riesigen Dinger unser Freizeitver- halten für immer verändern würden.

Kaum standen die Teile flächendeckend herum und wurden um harmlose Spielereien wie »Pac-Man«, »Donkey Kong« oder »Scramble« erweitert, kündigte sich nämlich schon die nächste bahnbrechende Entwicklung an: die Konsole für zu Hause. Auf der konnte man ebenfalls »Pong« spielen, aber auch »Super-Pong« oder gar »Quadrapong« und natürlich einiges mehr. Bald eroberten »Atari 2600«, »Coleco Gemini« oder MBs »Vectrex« erst unsere Wunschzettel und dann unsere Kinderzimmer. Und spätestens nachdem wir sie das erste Mal an den heimischen Fernseher angeschlossen hatten, war jedem klar, dass endgültig eine neue Ära begonnen hatte. Dass es innerhalb weniger Jahre möglich war, eine sogar noch ausgefeiltere Technik von einem mannshohen Konstrukt in ein gerade mal schuhschachtelgroßes Gerät zu übertragen, schien aus damaliger Sicht zwar kaum nachvollziehbar, war aber unglaublich faszinierend.

Dabei sah es für einen kurzen Moment so aus, als sei das Genre der Videospiele nur eine kurze Episode des aufkommenden Digitalzeitalters. Man schrieb das Jahr 1983, als sich Seltsames ereignete: Noch kurz zuvor hatte die durch stete Weiterentwicklung in Sachen Speicher und Grafik ziemlich euphorisierte Branche einen neuen Umsatzrekord aufgestellt und sagenhafte drei Milliarden Dollar erlöst. Doch beinahe von einem Tag auf den anderen ging so gut wie gar nichts mehr: Die Einnahmen sanken innerhalb eines einzigen Jahres um unglaubliche 97 Prozent auf gerade noch 100 Millionen US-Dollar.

Dutzende Unternehmen gingen im Sog dieses berüchtigten »Video Game Crash« pleite. Die betroffenen Firmen hatten schlichtweg übersehen, dass mittlerweile ebenfalls immer mehr bezahlbare Heimcomputer auf den Markt drängten. Die waren zwar nicht unbedingt zum Vergnügen gedacht, aber die Spiele, die es dafür gab, waren deutlich günstiger. Vor allem aber ließen sie sich im Gegensatz zu den für alle Konsolen notwendigen Steckmodulen problemlos kopieren.

Womöglich wäre die gesamte weitere Entwicklung auf dem Spielemarkt anders verlaufen, hätte nicht der Hersteller Commodore blitzartig auf den Niedergang der Konkurrenz reagiert und seine Marketingstrategie radikal geändert. Anstatt nämlich – wie eigentlich angedacht – das gerade zur Serienreife gebrachte Modell »Commodore 64« als praktische Lern- und Rechenhilfe zu bewerben, stellte man nun die Vorzüge des Pioniers aller »Personal Computer« als Spielgerät heraus und verkaufte ihn folgerichtig in Spielzeugläden und entsprechenden Kaufhaus-Abteilungen. Binnen weniger Jahre löste dank dieser Vorarbeit des Commodore 64 der PC die Konsole als Spaßmaschine ab.

Auch für mich, der sich bis dahin nahezu täglich in der Natur aufgehalten hatte, begann damit abermals eine neue Zeitrechnung: Mit zwölf bekam ich von meinen Eltern tatsächlich jenen C64, dessen Vorläufer noch gigantische Rechenmaschinen waren, für die in den Bürogebäuden eigene Etagen vorgesehen waren und von denen kein normaler Angestellter wirklich wusste, was sie eigentlich genau zu leisten vermochten. Die Anfänge dieser Erfindung lagen erstaunlicherweise bereits in den frühen Fünfzigerjahren, aber erst ab Mitte der Siebziger rückten die PCs mehr und mehr ins Bewusstsein der Menschen.

Auch die Firma, für die mein Vater arbeitete, setzte immer mehr dieser geheimnisvollen Geräte ein, sie sollten wohl die Buchhaltung entlasten und eine Menge Abrechnungen übernehmen. Aber so oft, wie mein Papa darüber schimpfte, konnte das ganze Zeug noch nicht ausgereift sein.

Jedenfalls kam besagter C64 schon 1982 auf den Markt, kostete seinerzeit aber noch aberwitzige 1200 Mark – was zu dieser Zeit in etwa dem Gegenwert einer fabrikneuen Vespa entsprach. Trotzdem wurde er schnell zum Bestseller, und als irgendwann der Preis in für meine Eltern einigermaßen akzeptable Regionen irgendwo unterhalb der 500-DM-Schwelle sank, war er ohne Zweifel das tollste Geburtstagsgeschenk, das ich bis dahin erhalten hatte. Dabei konnte ich bei Lichte besehen mit dem beigen Brotkasten kaum etwas anfangen – und zwar nicht etwa weil er im Vergleich zu den heutigen Potenzialen eines jeden handelsüblichen Billig-PCs allenfalls den Speicherplatz eines Bierdeckels besaß, sondern weil ich keinerlei Talent für etwaige Programmierkenntnisse in mir trug, die man für eine sinnvolle Nutzung des Apparats, der sich bis zu seiner Ausmusterung 17 Millionen Mal verkaufen sollte, durchaus brauchte. Stattdessen daddelte ich ausschließlich auf dem Ding herum.

Doch die Spiele, die ich nach und nach und ohne einen Pfennig Geld ausgeben zu müssen für meinen Commodore auf dem Pausenhof tauschte, nahmen schnell eine Menge Zeit in Anspruch. Ich saß nun nach der Schule immer öfter mit meinen Freunden auf dem Zimmer. Wir steuerten, vom sportlichen Ehrgeiz hinsichtlich eines neuen Highscores und vom Zauber des Neuen getrieben, einen blinkenden gelben Kreis durch ein Labyrinth, schossen unaufhörlich auf rote und blaue Kugeln oder versuchten, ein kleines Raumschiff durch eine ferne Galaxie zu steuern.

Es waren die Jahre, in denen unser guter, alter Bolzplatz immer öfter verwaist war – auch weil einige Gleichaltrige eine gewisse Passion für die Materie entfalteten, die Programmiersprache »Basic« erlernten, sie perfektionierten und schnell zu einer Art Pionieren auf diesem Gebiet wurden. Diese Jungs waren immer etwas blasser als wir, trugen schlecht sitzende Sweatshirts, dicke Brillen und vorwiegend Cordhosen. Wir nannten sie etwas abschätzig »Computerfreaks«, aber es waren wohl weniger die Vorfahren der späteren Nerds, sondern eher diejenigen, die für all die folgenden, bahnbrechenden Entwicklungen ernsthaft verantwortlich zeichnen sollten: Wer damals sein Faible für den Umgang mit Computern entdeckte, der konnte ganz Großes erreichen.

Auch ich verlor einen meiner Kumpels gewissermaßen an die Maschinen: Während ich mich darüber ärgerte, dass man während der Ladezeit von »Olympic Games« problemlos um den gesamten Block hätte spazieren gehen können, brachte sich Christian bei, wie man Programme schrieb, die aus den lahmen Kisten und ihrem Zubehör das Maximum herausholten. Bereits seine Datasette bewegte sich deutlich schneller als alle anderen, und kurz darauf standen zwei Diskettenlaufwerke nebeneinander auf seinem Schreibtisch, die sich gegenseitig zu beschleunigen schienen. Irgendwann genügte ihm dieses Privileg nicht mehr. Also entwickelte er nachts, wenn seine Eltern schliefen, professionelle Software, mit deren Hilfe richtige Unternehmen ihre Produktionsabläufe optimieren konnten.

Er war so alt wie ich und seit jeher schlechter in der Schule, aber wenn ich mich nun mit ihm unterhielt, verstand ich nur noch Bahnhof: Ich kapierte ja nicht einmal die einfachen Codes, die man aus den damals schwer angesagten Computer-Zeitschriften abtippen konnte. Christian war auch der einzige Mitschüler, den ich kannte, der sich einen sündteuren Computer mit dem lustigen Namen »Apple Macintosh« kaufte, weil sich damit angeblich leichter arbeiten ließ. Und nicht einmal zwei Jahre vor dem Abi meldete er sich von heute auf morgen von der Schule ab. Ich sah ihn nie wieder, las aber viel später von ihm, nachdem ihm Microsoft für seine kleine Software-Firma zehn Millionen Euro überwiesen hatte. Ich war nicht einmal sonderlich überrascht über diese Meldung, doch Christian war die absolute Ausnahme in meinem Freundeskreis.

Glücklicherweise bestimmte der C64 und später sein deutlich schnellerer und technisch anspruchsvollerer Nachfolger »Amiga«, den ich mir mühsam binnen mehrerer Jahre zusammensparte, mein Leben nicht vollends. Ich besaß keine zwei Diskettenlaufwerke und verbrachte auch die Nächte nicht vor dem Monitor. Schon meine Eltern hätten dies niemals zugelassen: Von meinem Vater gab es bereits nach einer gut einstündigen Spielerunde eine ordentliche Standpauke, dass sich das wahre Leben sicherlich nicht in einem neumodischen Plastikkasten abspiele, sondern draußen vor der Tür. Und meine Kumpels sorgten dafür, dass dieser Satz stimmte. Zwar besaßen die inzwischen auch alle einen PC, aber wir waren uns einig darin, dass es noch etwas ganz anderes gab neben der Elektronik.

Mit der Pubertät nämlich rückte der gerade erst in unserer Gegenwart aufgepoppte technische Fortschritt schon wieder in den Hintergrund.

Wir trafen uns nun lieber beinahe allabendlich am stillgelegten Straßenbahn-Haltestellenhäuschen, vor dem wir uns gegenseitig voller Stolz unsere frisierten Roller oder die getunten Mofas vorführten, um die wenigen anwesenden Mädchen zu beeindrucken. An den Wochenenden lernten wir in der Tanzschule die richtigen Schritte für einen langsamen Walzer oder gingen anderweitig aus. Dank unserer ausgeklügelten Telefonlawine musste jeder nur einen einzigen Anruf tätigen, um am Ende bis zu 20 Leute zusammenzutrommeln, die stets zuverlässig und ohne große Verspätungen am vereinbarten Treffpunkt auftauchten. Gelegentlich kickten wir nun sogar wieder auf unserem alten Bolzplatz; die überschüssige Energie und das ganze Testosteron, die wir als Teenager unvermittelt in uns spürten, mussten ja irgendwie heraus – und nach zweimal 30 Minuten am Kleinfeld war das auch der Fall. Bei allem, was wir so anstellten, war wichtig, dass wir es nicht alleine taten. Wir waren uns dessen wahrscheinlich nicht bewusst, aber selbst die Zeit am Computer verbrachten wir niemals ohne einen Mitspieler. Wir konnten uns nicht vorstellen, dass diese Art von Spiel alleine Spaß machte, also bildeten wir Teams, die sich in regelrechten Wettbewerben in den jeweiligen Programmen maßen, wir schrieben unsere Ergebnisse fein säuberlich in endlose Tabellen, die wir über Monate hinweg verglichen, und wir redeten die ganze Zeit miteinander, selbst mit dem Joystick in der Hand. Und wenn auf dem Bildschirm einmal zu oft die nervige Nachricht »Game over« erschien, dann schalteten wir eben aus und unternahmen etwas anderes. Ich habe nie so viel mit Gleichaltrigen unternommen wie in jenen Jahren, nicht zuvor und auch nicht hinterher. Es waren vielleicht die letzten Jahre einer Jugend, wie sie – bei allen Problemen und Sorgen, die man auch damals selbstverständlich hatte – unbeschwerter nicht sein konnte. Und wie sie es nie mehr werden würde.

So verklärt das klingen mag: Die diesbezüglichen Erinnerungen meiner Eltern sind sogar weitaus romantischer, obwohl die wirtschaftlichen und sozialen Rahmenbedingungen zu deren Kindheit sehr viel schwieriger waren als bei mir. Aber sie schwärmen noch immer davon, dass der Zusammenhalt, das Gemeinschaftsgefühl und die Kameradschaft genau dann am größten waren, als es am wenigsten Ablenkung gab. Mein Vater etwa sehnte sich jedes Mal den Sonntagnachmittag herbei, wenn seine Familie vom Kirchgang nach Hause zurückgekehrt, das Mittagessen verdaut und der Mittagsschlaf absolviert war – und sein Papa endlich für die Kinder Zeit fand. Sie setzten sich also zu viert auf den Wohnzimmerboden, packten ein zerfleddertes »Mensch ärgere Dich nicht«-Brett aus und spielten leidenschaftlich und ohne eine Minute Pause, bis es dunkel wurde und meine Großmutter mit strengem Blick auf die Bettruhe hinwies. Dass ein solch unspektakuläres Würfelspiel über Jahre hinweg den Höhepunkt einer entbehrungsreichen Woche darstellte, treibt mir Tränen der Rührung in die Augen – und einem heutigen Teenager vermutlich Tränen der Belustigung.

Für einen Neun- oder Zehnjährigen des fortschreitenden 21. Jahrhunderts ist eine Welt ohne das Internet und all seine rasanten Begleiterscheinungen schlicht unvorstellbar. Es wachsen längst die ersten Generationen heran, die es nie erlebt haben, dass es einmal eine Zeit gab, in der ein Computer ein nützliches Hilfsmittel im Büro war oder eben ein netter Zeitvertreib mit harmlosen Spielereien – und ein Telefon ein total unspektakuläres Utensil, mit dem man bestenfalls von zu Hause oder zur Not auch von einer übel riechenden, gelben Metall-Glas-Kabine aus mit anderen Menschen telefonieren konnte und sonst nichts. Eine Zeit, in der man seinen Schwarm mit pochendem Herzen direkt ansprechen oder wenigstens einen originellen Brief schreiben musste, wenn man ihn kennenlernen wollte. Eine Zeit, in der man sich die Erlebnisse der vergangenen Woche am Freitag- oder Samstagabend in launiger Runde erzählte; in der man ein geheimes Tagebuch führte, das niemals jemand anderes lesen durfte – und in der Freundschaft ein wirklich hohes Gut war; das höchste vielleicht, das es gab.

Das Kuriose daran ist, dass diese Zeit aus der Sichtweise heutiger Jugendlicher vermutlich irgendwann zwischen dem Spätmittelalter und dem Beginn des 20. Jahrhunderts angesiedelt sein muss. Tatsächlich aber haben ich und meine Klassenkameraden nachweislich weder Napoleon noch Carl Benz persönlich kennengelernt. Auch wir verfügten bereits über elektrischen Strom, Farbfernsehen und Kunststoff-Turnschuhe. Wir freuten uns über technische Neuerungen wie den Walkman oder die CD, wir staunten über die atemberaubenden Spezialeffekte in so spektakulären Filmen wie *ET*, *Ghostbusters* oder *Gremlins*, und ein kleines Rennauto im Maßstab 1:16 ließ sich ganz ohne Verbindungskabel mittels einer Funk-Bedienung fernsteuern. Es war nicht alles schlecht!

Gerade einmal ein Vierteljahrhundert ist es her, seit 1993 die allererste Internet-Seite ans Netz ging. Und das, was heute aus unser aller Alltag nicht mehr wegzudenken scheint, bestand zu diesem Zeitpunkt lediglich aus einem vom britischen Physiker Tim Berners-Lee erstellten Screenshot, auf dem etwas umständlich und in grober Schrift erklärt wurde, was dieses seltsame World Wide Web, das ursprünglich ein Projekt des US-Verteidigungsministeriums gewesen war, eigentlich bezwecken sollte. Die ersten publikumswirksamen Seiten wie etwa die Homepage der Bild-Zeitung gingen erst Jahre später an den Start, und noch Ende der Neunziger dauerte es mehrere Minuten, bis ein simples Foto vollständig hochgeladen war.

Nur zur besseren zeitlichen Einordnung: 1993 war auch das Jahr, in dem Bill Clinton als Nachfolger von George W. Bush ins Weiße Haus einzog, der Vertrag von Maastricht in Kraft trat, sich die norwegische Band a-ha das erste Mal auflöste, die Filmschauspielerin Audrey Hepburn starb und der Karlsruher SC unter Trainer Winfried Schäfer die Bundesliga aufmischte. Auch wenn Bill Clinton heute eher als Ehemann von Hillary wahrgenommen wird, a-ha erneut auf Abschiedstournee gehen und Winnie Schäfer zuletzt die Nationalmannschaft Jamaikas anleitete, klingt das Ganze weniger nach dem Zeitalter der Dampfmaschine und des ersten bemannten Fluges, sondern eher nach der Gegenwart. Und damit nach einer verdammt schnellen Veränderung, die sich seitdem auf der Welt abgespielt hat. Die Frage ist, ob uns diese Veränderung wirklich guttut.

Amerikanischen Soziologen zufolge war der gesellschaftliche Wandel, der sich aus der Erfindung des Internets ergab, weitaus größer und unberechenbarer als jener, den der Buchdruck und die Industrialisierung zusammen hervorgerufen haben. Schätzungsweise 900 Millionen Websites gibt es bis jetzt, aber wahrscheinlich sind es noch viel mehr, betrachtet man exemplarisch nur die Tatsache, dass sich deren Gesamtzahl alleine zwischen 2011 und 2012 mehr als verdoppelt hat. Und all diese Seiten dokumentieren außer einigen wichtigen oder ungleich mehr unwichtigen Informationen leider auch jeden noch so abwegigen Abgrund, den die Menschheit zu bieten hat. Jede Minute werden weltweit 70 neue Domains registriert, eine Viertelmilliarde E-Mails verschickt und 2,4 Millionen Google-Anfragen gestellt. Insgesamt werden alle 60 Sekunden über 650 Terabyte hin- und hergesendet. Kein Wunder, dass bei so vielen Daten, die auf diese Weise im Umlauf sind, viele Leute zu Verbrechern, Fanatikern oder wenigstens zu Verrückten werden. Und Geheimdienste paranoid.

Fakt ist: Während sich Kinder früher vorwiegend mit gleichaltrigen Freunden beschäftigten, setzen sie sich zumindest in Industrienationen heute durchschnittlich mit sieben Jahren zum ersten Mal an einen PC und verbleiben dort bisweilen mehrere Stunden am Tag – alleine. Von dieser Zeit gehen laut einer Untersuchung des Branchenverbandes Bitkom bei Zehnjährigen noch 22 Minuten, zwei Jahre später aber bereits knapp 60 Minuten für die Online-Nutzung drauf. Das wiederum ist kein Wunder, denn Familien ohne einen heimischen Internet-Zugang gibt es bei uns in Europa praktisch nicht mehr: In 98 Prozent aller Haushalte, in denen Kinder leben, existiert ein solcher Anschluss – in der abgelegenen norwegischen Provinz Troms ebenso wie auf der Hallig Hooge oder im Schweizer Kanton Appenzell-Innerrhoden, der – das nur nebenbei – erst 1990 das Frauenwahlrecht eingeführt hat.

Parallel dazu ergab eine Studie der »Stiftung Lesen«, dass bereits 25 Prozent aller jugendlichen Befragten nie und weitere 25 Prozent so gut wie nie zu einem Buch greifen, doppelt so viele wie noch Anfang der Neunzigerjahre. Aber warum sollten sie das auch tun? Bevor man sich durch einen ganzen Wälzer arbeiten muss, um zu wissen, worum es darin geht, kann man sich jede einzelne Information viel schneller auch aus dem Netz holen. Und wer so früh beginnt, sich sein gesamtes Wissen nur noch punktuell zusammenzugoogeln, bei dem ist es auch kein Wunder, wenn er später ganze Doktorarbeiten aus dem Netz zieht. Dabei ist das wahrscheinlich noch die sinnvollste Nutzung. Denn wer die meiste Zeit vor dem Computer sitzt, ist keineswegs zwangsläufig auf dem Weg zum gefragten IT-Genie, sondern nachweislich schlechter in der Schule; das belegten verschiedene internationale Untersuchungen zweifelsfrei.

So ergab zum Beispiel eine Analyse unter Berliner Jugendlichen eine im Schnitt um 0,4 Notenpunkte schlechtere Leistung bei jenen Schülern, die drei Stunden und mehr pro Tag am Bildschirm verbrachten, als bei den weniger am PC aktiven Mitschülern. Da können die Befürworter digitaler Medien noch so sehr auf die vorteilhafte Wirkung von hochwertiger Lernsoftware etwa auf das logische Denkvermögen bei Heranwachsenden verweisen: Wer sich nach der letzten Schulstunde den gesamten Nachmittag lang vorwiegend Taktik-Shootern wie »Counter-Strike« und ähnlichen Beschäftigungen widmet, dürfte die überschaubaren positiven Effekte wieder weitgehend egalisieren.

Dass ein Computer alleine nicht das Denken verbessert, musste vor einigen Jahren auch die rumänische Regierung erfahren: Die dortige Regierung wollte mit einem teuren Programm die Bildung von Kindern aus Familien mit niedrigem Einkommen verbessern und schenkte zigtausenden Eltern einen Gutschein für den Kauf eines Heimcomputers. Ein teurer Flop, wie zwei US-Forscher herausfanden, die nach einem Jahr rund 3000 rumänische Familien befragten, die an dem Programm teilgenommen hatten. Das ernüchternde Ergebnis: Die Noten der

Kinder in den wichtigsten Fächern – darunter Englisch und Mathe – hatten sich deutlich verschlechtert! Da hätten die Rumänen die vielen Millionen doch lieber in den Ausbau ihrer Trinkwasserversorgung gesteckt, zu der noch immer die Hälfte der Bevölkerung keinen Zugang hat. Aber wer in der EU braucht schon fließend Wasser, wenn er aus Brüssel die Förderung für einen Internet-Anschluss bekommen kann?

In einer groß angelegten Befragung des Chip-Herstellers Intel gab fast die Hälfte der Teilnehmer an, ihren Computer aufrichtig zu lieben. Sogar zwei Drittel können demzufolge auch im Urlaub nicht auf PC oder Laptop verzichten. Ohne den Computer gar nicht mehr existieren will demnach ein gutes Viertel – und das, obwohl wir im Laufe unseres Lebens statistisch gesehen alleine 85 endlose Tage darauf warten müssen, bis unser PC überhaupt hochgefahren ist! Und 17 Prozent aller Laptop-Besitzer nehmen ihr tragbares Gerät sogar mit auf die Toilette.

Unabhängig von solch fragwürdigen persönlichen Vorlieben vertrauen wir uns derweil sowieso immer stärker dem digitalen Fortschritt an. Unsere Mobiltelefone und Tablets sind voll mit Anwendungen, die wir mit persönlichsten Informationen füttern. Im Auto lotst uns ein Navigationssystem mal mehr, mal weniger zuverlässig zu unserem Ziel, ohne dass wir noch einen Blick in eine Landkarte oder auf ein Straßenschild werfen müssen. Kredit- und Kundenkartenfirmen sowie Online-Händler wissen dank ihrer Algorithmen oft mehr über uns und unser Kaufverhalten als wir selbst. Und die Industrie arbeitet an selbst fahrenden Autos, unter die Haut implantierten Chips mit all unseren Gesundheitsdaten – oder an zweifelhaften Segnungen wie dem vernetzten Wohnen, das es uns ermöglicht, dass sich Kühlschränke selbstständig Milch bestellen, Badewannen sich automatisch befüllen, Heizungen sich je nach Wettervorhersage ein- und ausschalten und Fernseher die Programme automatisch auswählen, die unserer mutmaßlichen Stimmung entsprechen.

Bei all dem verlernen wir zunehmend das wahre Leben, das sich gleichwohl anscheinend ohnehin längst nicht mehr vor der Tür abspielt, wie mein Vater damals mahnend anmerkte. Sondern mehr und mehr in der digitalen Welt, etwa in den sozialen Netzwerken, die ihren Nutzern eine Realität vorgaukeln, die es so allerdings überhaupt nicht gibt. Binnen nicht einmal 30 Jahren hat sich nahezu alles verändert, was unser gesamtes Zusammenleben betrifft. Und wie wenig 30 Jahre eigentlich sind, kann man sich zum Beispiel vor Augen führen, indem man an das bemerkenswerteste Ereignis von 1986 denkt: die Explosion der Raumfähre »Challenger«, die denen, die das Unglück damals live am TV-Bildschirm mitverfolgten, wahrscheinlich immer noch überaus präsent ist.

Und auch aus den harmlosen Computerspielen jener Zeit sind spektakuläre und vielschichtige Paralleluniversen geworden – die teilweise fotorealistische Darstellungen aller Arten von Grausamkeiten bieten, über deren Auswirkungen auf die Psyche labiler junger Menschen immer wieder heftig debattiert wird, wenn von der Polizei auf der Festplatte eines Amokläufers irgendwo auf der Welt Machwerke wie »Battlefield« oder »Doom« gefunden werden. Über diese spektakulären Einzelfälle hinaus darf aber eine andere Wirkung als noch weitaus dramatischer angenommen werden: Das Suchtpotenzial vor allem von Online-Rollenspielen ist enorm. Die Berliner Charité schätzt, dass zwischen drei und zehn Prozent aller Spieler ein problematisches Spielverhalten aufweisen; mehr als 560 000 Jugendliche sollen laut einer Studie der Bundesregierung davon betroffen sein.

Wohin das führen kann, zeigt das Schicksal von Tyler Rigsby, das im Sommer 2012 weltweit Schlagzeilen machte. Der 15-Jährige aus dem US-Bundesstaat Ohio war ein durchschnittlicher Jugendlicher, der sich ab und zu mit Freunden traf, sonst jedoch nicht weiter auffiel – bis er »Call of Duty« für sich entdeckte. Ab diesem Zeitpunkt wich sein bisheriger Alltag tagelangen Internet-Aktivitäten mit anderen Zockern. In der virtuellen Welt lief der schüchterne Junge schnell zur Höchstform auf. Während seine Mutter tagsüber ahnungslos zur Arbeit ging und ihren Sohn in der Highschool wähnte, verteidigte der Junge mit seinem

Alter Ego sein Vaterland im Dritten Weltkrieg gegen Russland. Auch in den Nächten blieb er wach und tat weiter seinen Dienst als Agent des FSA. Nach ununterbrochenen 120 Spiel-Stunden schließlich, als seine Mutter ihn zu einem Besuch bei Verwandten aus dem Zimmer holen wollte, kollabierte der Junge. Er hatte viereinhalb Tage nichts gegessen und getrunken, war blau angelaufen, dehydriert und überlebte nur knapp.

Ein 23-Jähriger aus Taiwan hatte nicht das Glück, Eltern zu haben, die noch rechtzeitig die Notbremse ziehen. Er starb in einem Internetcafé nach knapp 23 Stunden »World of Warcraft« an einem durch Unterkühlung und Sauerstoffmangel verursachten Organversagen.

Und selbst diejenigen, deren Suchtpotenzial nicht ganz so ausgeprägt ist, können sich zumindest finanziell ruinieren. Immerhin kennen die Softwarefirmen eine Menge Tricks, wie man den jungen Spielern das Geld aus der Tasche ziehen kann. Durch das Wecken von Sehnsüchten und den subtilen Aufbau von Druck innerhalb der inzwischen meist kostenlos zugänglichen Spielewelten sollen Kinder und Jugendliche dazu animiert werden, echte Kohle für digitalen Nonsens auszugeben, ohne den die Lösung eines solchen Spiels kaum mehr möglich ist. 100 Euro für zusätzliche Leben oder durchschlagskräftigere Waffen sind schnell investiert. In manchen, auf den ersten Blick völlig bieder daherkommenden Programmen können sich verzweifelte Mädchen etwa gegen Gebühr die Dienste eines virtuellen Tierarztes sichern, der dann das krank gewordene, virtuelle Pferd kuriert.

Das allerdings finde ich einfach nur traurig. Ich habe mein Taschengeld zwar auch manchmal für ziemlichen Unsinn ausgegeben; für *Yps*-Hefte mit Gimmicks, die sich nicht zusammenbauen ließen, Comics, die ich dann doch nicht las, oder Kleinflugzeuge aus Styropor, die gar nicht flogen. Dieses ganze Zeug aber konnte ich wenigstens noch ganz real in den Müll werfen. Und danach wieder auf den Bolzplatz gehen – und war es nur, um meinen Ärger über die verlorenen Ersparnisse abzureagieren. Das half nämlich so gut wie immer!

Angesichts dessen vermag es mich leider auch nicht zu trösten, dass es inzwischen – unter anderem – interaktive Fußballweltmeisterschaften gibt, bei denen Videogamer aus aller Herren Länder gegeneinander antreten. Damit lässt sich zwar für einige wenige Computerprofis durchaus eine Menge Geld verdienen, ausreichend Bewegung bekommen aber auch hier allenfalls die Finger. Und was neuartige Mitmachspiele wie »Pokémon Go« mit der Menschheit veranstalten, muss man erst noch abwarten. Bei dieser virtuellen Schnitzeljagd per Mobiltelefon kommen die Teilnehmer immerhin ins Freie und legen zugegebenermaßen ordentliche Strecken auf ihrer Monsterjagd zurück, wodurch viele Angehörige der Generation Smartphone ihre Heimatstadt womöglich das erste Mal seit Jahren wiedersehen. Allerdings ist es wohl lediglich eine Frage der Zeit, bis der erste reale Lastwagen als Endgegner um die Ecke kommt.

Weil das Smartphone nichts mehr mit einem Telefon zu tun hat

Neben der bereits erwähnten Telefonlawine gab es in meiner Jugend noch eine andere, ebenso ausgeklügelte Art der Organisation eines gemeinsamen Treffens. Wir wandten die Methode praktisch durchgängig von der zehnten Klasse bis zum Abitur an, und sie funktionierte fast immer. Sie lautete: freitags um drei in der »Oase«.

Die »Oase« war ein Café, in dem ab dem frühen Morgen jede Menge Schüler und Studenten abhingen, wenn sie keine Lust auf Schule oder Uni hatten, und abends waren im Grunde genommen dieselben Leute da, nur dann aus anderen Beweggründen. Das Lokal war leidlich billig, besaß eine kleine Imbisskarte, ein deutlich umfassenderes Angebot an alkoholhaltigen Getränken, und es hatte vor allem den unschätzbaren Vorteil, dass man immer jemanden traf, den man kannte. Es war schlicht der perfekte Anlaufpunkt für unsere Clique, und so bedeutete freitags um drei für uns, dass sich um diese Uhrzeit immer mindestens vier, fünf, manchmal zehn Leute einfanden, mit denen man etwas für das bevorstehende Wochenende ausmachen konnte. Oft blieben wir aber auch ab dem Nachmittag einfach sitzen, spielten Backgammon oder Skat und tranken ein paar Cola-Weizen. Die »Oase« war, wenn man so will, unser soziales Netzwerk zu Oberschulzeiten, und locker ein paar Hundert Personen aus den umliegenden Gymnasien, Realschulen und der nahen wirtschaftswissenschaftlichen Fakultät gefiel das.

Dieses feste Verabredungsritual wurde erst hinfällig, als es uns wegen Ausbildung, Studium, Bund oder Zivildienst in alle Winde verstreute oder zumindest kreuz und quer in der Stadt verteilte. Ein paar Monate hielt sich unser automatischer Freitagstreff noch, aber als irgendwann ich oder ein anderer von uns Jungs an einem dieser Freitage jeweils mutterseelenallein im Café herumsaßen, beschlossen wir schweren Herzens, unsere alte Gewohnheit aufzugeben. Wenn wir jedoch gerade dann, als das Leben begann, richtig ernst zu werden, den Kontakt zueinander nicht ganz verlieren wollten, mussten wir uns fortan gezielt verabreden. Das bedeutete Mitte der Neunzigerjahre genauso wie in den Jahrzehnten zuvor: Wir mussten uns anrufen!

Dieser Vorgang war so selbstverständlich wie mit einigen Mühen verbunden: Anders als heute, wo nahezu jeder Mensch rund um die Uhr in jedem noch so abgelegenen Winkel dieser Erde problemlos erreichbar ist, gab es ehedem ein echtes Kommunikationsproblem, wenn sich der Adressat des Anrufes nicht dort befand, wo auch das Telefon stand. Es lag also durchaus im Bereich des Möglichen, dass ich Markus anrief, womöglich noch für gutes Geld aus der Telefonzelle, aber lediglich seine Eltern, Großeltern oder Geschwister an den Apparat gingen. Und die zur Nachrichtenübermittlung Bevollmächtigten versäumten es schon mal, manch dringliche Botschaft auszurichten – oder gaben sie gar falsch wieder. Markus' schwerhörige Großmutter zum Beispiel schickte ihren Enkel jedes Mal irgendwohin, wo garantiert keiner von uns auf ihn wartete. Aber mit 85 konnte man Wörter wie »Oase« und »Garage« schon mal verwechseln. Die »Garage« aber war ein übler

Rockschuppen, und Markus wunderte sich immer wieder, wieso wir uns ausgerechnet dort trafen, was wir freilich nie taten.

Zwar hatte ich mir zur selben Zeit einen sogenannten »Skyper« gekauft; ein spektakuläres, etwa zigarettenschachtelgroßes Gerät, das von der Telekom 1996 herausgebracht wurde und das den Pagern von Ärzten, Kriminalkommissaren oder anderen wichtigen Persönlichkeiten nachempfunden war, die rund um die Uhr erreichbar sein mussten. Und für einige Wochen fühlte ich mich mit dem in meinem Fall auffällig lilafarbenen Kästchen am Gürtel wirklich ausgesprochen bedeutend, denn außer mir besaß das Ding so gut wie niemand. Genau das allerdings war gleichzeitig auch der Nachteil an der Sache, denn wer mir als Systemfremder eine Nachricht auf den »Skyper« senden wollte, der musste sich erst vom Festnetz aus bei einem speziellen Callcenter einwählen und dann einem Operator aus Fleisch und Blut erzählen, was er mir denn zu übermitteln gedachte.

Diese persönliche Hürde machte nicht nur vertrauliche Botschaften quasi unmöglich, der Versender musste auch noch einen stattlichen Preis dafür berappen, mir mitzuteilen, dass wir uns um sieben Uhr auf ein schnelles Bierchen zu Hause bei Basti trafen, bevor wir weiterzogen. Solch eine lapidare Information kostete bei »Skyper« über eine Mark, weshalb mein Empfangsgerät bald gar nichts mehr empfing außer der automatisierten Reklame der Telekom. Das System war offenbar noch nicht ganz ausgereift. Und es hatte schon alleine deshalb keine Zukunft, weil bald darauf das Mobiltelefon den Massenmarkt eroberte. Und damit auch unseren Alltag.

Zugegeben: Die Vorstellung eines Telefons, das nicht nur zu Hause auf der Anrichte herumstand, sondern auch problemlos mitgenommen werden konnte, war schlicht und ergreifend beeindruckend! Das lag vor allem daran, dass ein Fernsprechapparat meiner persönlichen, heimischen Erfahrung nach bis dahin vor allem unhandlich war, eine scheußliche Farbe wie Lindgrün, Dunkelbraun oder Aschgrau hatte und eine ausgebleichte Wählscheibe besaß sowie ein unpraktisches

Kabel, das den Hörer mit der Station verband und das nach jahrelanger Nutzung oft derart verdreht war, dass ein eiliger Anruf jeden Anwender zur Verzweiflung oder zur Weißglut brachte. Ein Telefon war Lichtjahre davon entfernt, ein schickes Lifestyleprodukt darzustellen – es war ein notwendiges Übel.

Ich erinnere mich deshalb genau an unser erstes Tastentelefon, das mein Vater schließlich anschaffte, nachdem der alte Apparat nach gut zwei Dekaden monatlicher Miete, die stets von der Post auf die Gebührenabrechnung aufgeschlagen wurde, endlich abbezahlt war: Schon dieses futuristische Ding schien mit seinen bescheidenen Sonderfunktionen wie Wahlwiederholung oder einem Kurzwahlspeicher für fünf Nummern der Gipfel des technischen Fortschrittes zu sein. Und weil sich meiner festen Meinung nach kein Mensch außer britischen Geheimagenten, amerikanischen Ölmilliardären oder deutschen TV-Kommissaren jemals ein tragbares Gerät würde leisten können, schaute ich immer neidisch und gebannt zu, wie im Fernsehen meine Serienhelden lässig vom Auto aus das Polizeihauptquartier oder am Swimmingpool mal eben ihre Bank anriefen.

Dabei gab es eigentlich schon recht lange Mobilfunk in Deutschland, nur wussten wir Normalsterblichen davon nichts: Jenseits von Dallas und den Straßen von San Francisco existierte hierzulande zunächst das A-Netz, bei dem allerdings zwischen Anrufer und Angerufenem noch eine Vermittlung in Gestalt eines Fräuleins vom Amt zwischengeschaltet war. Selbst Konrad Adenauer hatte bereits 1955 ein rund 16 Kilogramm schweres Exemplar in seinem Dienstmercedes. Ab 1972 wurde das selbst wählende B-Netz eingeführt, das es bis zu seinem jähen Ende zwei Jahrzehnte später immerhin zu knapp 30 000 Teilnehmern brachte, darunter *Derrick*, *Der Alte* und sämtliche damaligen *Tatort*-Ermittler. Ein Massenprodukt aber waren die analogen Fernsprechkoffer trotz der hohen Kommissar-Dichte natürlich noch lange nicht. Und auch nicht jene dann schon deutlich kleineren Geräte, die das leistungsstärkere C-Netz empfangen konnten, das etwa auch auf Schiffen eingesetzt wurde.

Erst mit dem D-Netz wurde uns das zweifelhafte Privileg zuteil, immer und überall erreichbar zu sein: Ab Mitte der Neunzigerjahre war der Siegeszug der Mobiltelefonie nicht mehr aufzuhalten. Dabei mussten sich die Pioniere der neuartigen Technik am Anfang noch übel verspotten lassen. Auch ich empfand die ersten normalen Nutzer allesamt als Wichtigtuer, die ihre Umwelt belästigten, indem sie auch in Gaststätten wie der »Oase« plötzlich in einen schwarzen Plastikknochen hineinbrüllten und auf der Suche nach dem besten Empfang zwischen der Eingangstür und ihrem Tisch umherirrten. Niemals, so schwor ich mir nach dem ausführlichen Studium eines dunkel gekleideten Jura-Studenten, der sich jedes Mal triumphierend im gesamten Raum umsah, bevor er ein Gespräch annahm, würde ich solch ein lächerliches Handy besitzen. Es gab sogar Gerüchte, dass man fingierte Anrufe in Auftrag geben und so seine Geltung noch steigern konnte. Ob dies wirklich stimmte, wusste ich nicht, aber meine Freunde, mit denen ich mich an diesem Tag wieder wie gehabt via Festnetz verabredet hatte, stimmten mir allesamt zu. Wir taten das Handy als Statussymbol für Aufschneider ab – und sollten uns täuschen wie selten zuvor in unserem Leben.

Alles begann ganz harmlos: Zunächst schienen sich sowohl die Hersteller der Endgeräte als auch die Netzanbieter tatsächlich auf die Funktion des Telefonierens zu beschränken, was ja auch absolut Sinn ergab. Zwar verfügten Klassiker wie das Motorola 3200 oder das Siemens S1 schon über Buchstaben auf ihrer Zahlentastatur, aber der sogenannte »Short Message Service« war lediglich ein Nebeneffekt der neuartigen GSM-Technologie, den keiner richtig ernst nahm. Wieso sollte man auch jemandem eine auf 160 mickrige Zeichen beschränkte Kurznachricht aufs Display schicken, wenn man ihn doch ganz bequem anrufen konnte; selbst wenn das nun an Orten geschah, an denen vorher keiner auf die Idee gekommen wäre zu telefonieren – wie einem voll besetzten Kinosaal, einem schicken Restaurant oder einem ICE-Abteil?

Aus diesem Grund war die SMS erst einmal kostenlos, während eine Gesprächsminute zwischen zwei unterschiedlichen Netzen bis zu zwei Mark kosten konnte.

Wahrscheinlich aufgrund dieser üppigen Preise versuchten die meisten, sich zunächst auf die wirklich wichtigen Fragen eines Gesprächs zu beschränken: Wo bist du, wo bleibst du, wann kommst du? Doch bald wurde der Spaß immer billiger. Außerdem begannen die Netzanbieter, die Geräte massiv zu subventionieren. Für eine symbolische Mark gab's plötzlich ein nagelneues Telefon, das eigentlich das Vierhundertfache hätte kosten müssen. Die Hersteller holten sich das Geld zwar über lange Laufzeitverträge wieder zurück, aber die Hemmschwelle für den Kauf technisch immer anspruchsvollerer Varianten sank stetig. Die Folge des Preisverfalls war, dass sich nun praktisch jeder ein Handy leisten und spätestens alle zwei Jahre auf ein neueres Modell umsteigen konnte. Binnen weniger Jahre wurde das Mobiltelefon von einem Nischenprodukt zu einem Massenphänomen: Gab es Ende 1992 noch nicht einmal eine halbe Million Mobilfunkteilnehmer in Deutschland, waren es nur ein einziges Jahr später bereits dreimal so viele. 1998 hatten dann schon 13 Millionen ein Handy. Diese Zahl vervierfachte sich bis 2001. Heute sind laut Bundesnetzagentur hierzulande knapp 113 Millionen Mobilfunkanschlüsse verzeichnet – bei 82 Millionen Einwohnern.

Auf einmal wurde überall gequatscht: im Auto, im Zug, in der Straßenbahn oder im Bus, beim Einkaufen, im Fitnessstudio, beim Essen und in Wartezimmern. Besonders gern dort, wo möglichst viele andere mithören konnten. Kurioserweise hatten sich trotz der mittlerweile tadellosen Empfangsqualität die meisten Menschen im Laufe der mobilen Evolution anscheinend daran gewöhnt, die Sprechlautstärke der Dezibelbelastung einer vierspurigen Autobahn anzupassen. Ein leises Handy-Telefonat jedenfalls war von Beginn an ein Widerspruch in sich. Welche essenziellen Informationen bei einer durchschnittlichen Gesprächsdauer von zweieinhalb Minuten – diese ist trotz der gesunkenen Verbindungspreise in den letzten Jahren beinahe unverändert geblieben – übermittelt werden konnten, war natürlich von Einzelfall zu Einzelfall unterschiedlich. Die Hauptsache schien zu sein, einfach einen Grund zum Anrufen zu haben – das machen wir nämlich fast 100 Milliarden Mal pro Jahr.

Natürlich gehen ein paar Hundert davon auch auf mein Konto. Auch wenn ich mich bemühe, mich trotz einer inzwischen wirklich schleuderbilligen Allnet-Flat auf die wahrhaft notwendigen Gespräche zu beschränken, ertappe auch ich mich dabei, meinen Gesprächspartnern oft ziemlich unnütze Informationen zuteilwerden zu lassen. Und so melde ich mich gelegentlich vom Bahnhof bei meiner Frau und verrate ihr, dass mein Zug gerade pünktlich einfährt – nichts anderes aber hatte sie vermutet. Doch wenigstens gebe ich mir leidlich Mühe, meine Mitmenschen nicht über Angelegenheiten in Kenntnis zu setzen, die entweder sehr privat sind oder sehr dienstlich oder beides – und sehne mich nach Regelungen, wie sie etwa in japanischen öffentlichen Verkehrsmitteln gelten, in denen bereits das Klingeln eines Mobiltelefons als verpönt gilt, oder nach der gängigen Praxis amerikanischer Kinobetreiber, die mittlerweile flächendeckend Störsender in ihre Säle einbauen ließen, was in Deutschland leider verboten ist.

Doch die Folgen des Umhertelefonierens allein wären vermutlich gar nicht so schlimm gewesen. Auch meine Freunde und ich, die wir Ende der Neunzigerjahre schließlich ebenfalls allesamt entgegen unseren Beteuerungen einige Zeit zuvor zu leidenschaftlichen Handynutzern wurden, genossen die Flexibilität, welche die neue Redefreiheit mit sich brachte. Man konnte kurzfristig umdisponieren und dies den anderen auch mitteilen, wenn die »Oase« mal wieder voll belegt war und man einstweilen woanders hinging. Man konnte positive Erlebnisse umgehend mit anderen teilen, sich auch im Urlaub bei seinem besten Kumpel melden und sich kurzfristige Ratschläge in kniffligen Lebenssituationen abholen. Und man musste nie wieder in diese unappetitlichen Telefonzellen gehen, in denen einen die zahllosen Bakterien und Keime förmlich anschrien. Doch dann passierte etwas, das so nicht vorhersehbar gewesen war: Das Telefonieren wurde in der Mobiltelefonie zur Nebensache!

Urplötzlich wurde die SMS, die nach und nach immer billiger geworden war, zur bestimmenden Funktion eines Handys. Die Kurznachricht schaffte es binnen weniger Jahre, unsere komplette bisherige Kommunikation auf den Kopf zu stellen. Doch auch in diesem Fall waren die Anfänge vollkommen unverfänglich: Die erste SMS meines Lebens erhielt ich an Silvester 1998, ein paar Tage, nachdem ich mir mein erstes Mobiltelefon zugelegt hatte. Sie kam von meinem Vater, ebenfalls ein Neuling auf diesem Gebiet, der mir darin freudig mitteilte: »Guten Rutsch!« Interessanterweise saß er zu diesem Zeitpunkt direkt neben mir, es war noch Stunden von Mitternacht entfernt, und er wollte nur mal diesen neuen Service ausprobieren, von dem jetzt alle sprachen. Diese SMS kostete ihn knapp 60 Pfennig und brachte ihm und mir die Erkenntnis: Das braucht höchstwahrscheinlich kein Mensch, aber es funktionierte!

Tja – aus den kleinen und harmlosen Grüßen zwischendurch wurde rasant eine echte Plage: Erst entwickelte sich eine von seltsamen Abkürzungen durchsetzte, orthografisch und grammatikalisch geradezu anarchische Sprache, um möglichst viele Infos in die vorgegebenen 160 Zeichen zu packen. Innerhalb kürzester Zeit bildeten sich regelrechte Codes, die nur verstand, wer am Ball blieb: CU, GLG, WAUDI und zahllose andere Abbreviaturen machten für Ungeübte das Entziffern der Nachrichten oftmals unmöglich. Erschwerend hinzu kam, dass sämtliche Satzzeichen von den Anwendern ebenso hinfortrationalisiert wurden wie die Groß- und Kleinschreibung.

Als die Zeichenbeschränkung irgendwann aufgrund der immer schnelleren Innovationen entfiel, eskalierte die Lage. Endlose Textnachrichten ersetzten nicht nur weitgehend die Telefonate, sondern auch alle anderen Methoden der Verständigung. Kinder und Jugendliche erlernten, binnen Sekunden auf erhaltene Botschaften zu antworten, und brachten es auf Durchschnittswerte von mehr als 100 Nachrichten am Tag.

2012 wurde der Rekordwert von 162,9 Millionen SMS täglich erreicht. Zeitgleich begann der Aufstieg der sogenannten Messenger-Dienste wie »WhatsApp« oder »iMessage«, die gegenüber der herkömmlichen Simserei den unschätzbaren Vorteil hatten, dass sie nichts kosteten. Heute werden nur mehr lediglich 40 Millionen SMS am Tag versendet, mit stetig fallender Tendenz – dafür aber unfassbare 670 Millionen »WhatsApp«-Texte.

Angesichts dessen ist es kein Wunder, dass andere Schreibtraditionen wie etwa der Brief vollkommen aus der Mode geraten: 55 Prozent aller Jugendlichen bis 18 Jahre haben laut übereinstimmenden Analysen verschiedener Philologenverbände noch nie in ihrem Leben ein solches Schreiben verfasst und werden dies wohl auch nie mehr tun. Die Kommunikationskultur hat sich ohnehin vollkommen verschoben: Wir verlernen, miteinander zu sprechen – vor allem, wenn es um komplexere Vorgänge geht. Sogar Beziehungen werden heute vorwiegend per Kurznachricht beendet, eine Beschimpfung ist viel schneller abgesendet als ausgesprochen, und Gefühle drücken wir nicht mehr in Worten, sondern mithilfe kleiner gelber Gesichter namens Emoticons aus. Was das mit den Generationen anstellt, die eine andere Interaktion gar nicht mehr kennen, vermögen wir uns noch gar nicht vorzustellen.

Aber die technische Entwicklung der Mobiltelefone war dadurch noch lange nicht zu Ende. Erst erhielten die kleinen Dinger noch eine Kamera, auf deren Bildern man zwar in den Anfangsjahren jedes einzelne Pixel erkennen konnte, nach und nach aber wurden die Aufnahmen immer besser – und dadurch auch die Gefahren größer, dass manche Zeitgenossen mit ihrem Mobiltelefon ganz unauffällig Motive knipsten, die einem Foto niemals zugestimmt hätten. Dann konnten sie plötzlich unsere Musik abspielen und ersetzten die CD-Sammlung zu Hause. Und dank der segensreichen Erfindung der Smartphones, die noch vor ein paar Jahren die Hälfte des Gerätemarktes ausmachten und inzwischen dem gewöhnlichen Handy vollends den Rang abliefen, kann man im Internet surfen, E-Mails checken, die Kontodaten abrufen, den Wetterbericht begutachten, »Facebook«-Posts und »Twitter«-Tweets absetzen oder zur Not auch alles gleichzeitig erledigen.

Dabei eroberten die Mini-Computer mit dem integrierten Telefonanschluss ab Ende der Neunzigerjahre zunächst nur recht zögerlich unsere Hand- und Gesäßtaschen. Das lag allerdings vor allem daran, dass jene unförmigen Kommunikationsklumpen wie der Nokia Communicator, die Blackberry-Reihe oder ein Palm in etwa so lässig wirkten wie ein Opel Senator neben einem Porsche Panamera. Insofern wären die Datenschleudern vielleicht ein Gadget für dauergestresste Geschäftsleute geblieben, hätte nicht ein höchstens noch mit dem Urknall vergleichbares Ereignis die weitere Entwicklung des gesamten Universums im Allgemeinen und des Handymarktes im Besonderen maßgeblich beeinflusst: die Markteinführung des iPhone am 29. Juni 2007. Seit diesem Tag ist nichts mehr, wie es war, und ich gebe es ungern zu – auch für mich nicht!

Ich erhielt mein erstes iPhone, als ich mich Anfang 2008 für einen Vertragswechsel von E-Plus zur Telekom entschied. Das Teil, das mein altes und überaus zuverlässiges Nokia-Handy ersetzte, kostete mich zwar immer noch ein paar Hundert Euro Zuzahlung, aber ich war neugierig, ob all die hymnischen Berichte stimmten, die ich darüber bereits gelesen hatte. Und obwohl ich für derartige Anwandlungen eigentlich nie besonders anfällig war, bekam ich schon beim Anblick der kleinen, schwarzen Verpackung derart starkes Herzklopfen, dass mich ein gewissenhafter Kardiologe wahrscheinlich umgehend zum nächsten EKG geschickt hätte. Ich packte meine neue Errungenschaft mit zitternden Händen aus, zog zärtlich die Schutzfolie vom Display, schloss das Telefon an den Computer an – und gehörte fortan mit Haut und Haar dem Konzern aus dem kalifornischen Cupertino.

Warum ausgerechnet das iPhone zum umjubelten Kultobjekt wurde, für das andere erwachsene Menschen regelmäßig in einer Hunderte Meter langen Warteschlange bei Minusgraden im Freien übernachteten, obwohl es objektiv gesehen beinahe von Beginn an leistungsschwächer und teurer war als die Konkurrenz – darüber rätselten seitdem nicht nur die Entwickler von Samsung, HTC oder Nokia. Die Berliner Neurologen Jürgen Gallinat und Simone Kühn fanden zumindest heraus, dass bei Apple-Anhängern während des Anblicks eines iPhones der emotionale Teil ihres Gehirns aktiviert wird, was bei Käufern beispielsweise eines Samsung Galaxy nicht der Fall ist, wenn sie das Smartphone ihrer Wahl betrachten: Bei ihnen wird demnach nämlich nur der präfrontale Kortex angesprochen; jene Hirnregion, die eher für so hausbackene Zwecke wie Entscheidungsfindung oder Abwägung zuständig ist. Warum genau das aber so ist, ist auch den Hirnforschern nicht ganz klar.

Marketing-Experten weltweit versuchten seit Jahren, die genaue Strategie des Unternehmens zu entschlüsseln, das auf der Rangliste der *Financial Times* seit Jahren regelmäßig als wertvollstes Unternehmen der Welt eingestuft wird. Allein die Strahlkraft eines angebissenen Apfels schien auszureichen, dass sich jeder noch so spießige Außendienstler beim Telefonieren zumindest ein bisschen fühlte wie James Bond im Einsatz. Nur so jedenfalls lässt sich erklären, dass aus einem sonderbaren und kaum bezahlbaren Nischen-Hersteller für konsumkritische Computer-Freaks, wie es mein damaliger Klassenkamerad Christian war, binnen eines einzigen Jahrzehnts ein Unternehmen mit einem Jahresumsatz von 234 Milliarden Dollar werden konnte. Unabhängig davon lässt sich jedenfalls mit Fug und Recht behaupten, dass Apple mit dem iPhone die weitere Geschichte des Informationszeitalters revolutioniert hat.

Seit dem iPhone und seinen Ablegern und Nachfolgern verfügen wir überall über das mobile Internet. Haben wir uns anfangs noch über die aberwitzig erscheinende Summe von 63 Milliarden D-Mark gewundert, die durch die erste Versteigerung jener merkwürdigen UMTS-Lizenzen im Jahr 2000 erzielt wurde, wissen wir jetzt, warum sich der Staat diese geheimnisvollen Frequenzen so teuer bezahlen ließ: Finanzminister Hans Eichel wusste offenbar damals schon, dass die Konzerne damit einen viel größeren Gewinn machen konnten, als es durch bloßes Telefonieren und Simsen jemals möglich gewesen wäre. Und weil es seit einigen Jahren praktisch keinen einzigen Winkel zwischen Sylt und Berchtesgaden mehr gab, in dem wir nicht sofort nachschauen konnten, was in Deutschland, der Welt oder wenigstens unserem Postfach gerade los war, stiegen die Umsätze der großen Netzbetreiber auf nun sechs Milliarden Euro im Jahr – bei vergleichsweise überschaubaren Betriebskosten. Das bedeutet auf uns Nutzer heruntergerechnet: Jeder Mensch ab 14 Jahren gibt stattliche 85 Euro per annum nur für das mobile Internet aus.

Klar, dass wir das dann alle auch ausgiebig nutzen mussten! Nicht nur, dass wir uns, kaum dass wir zum Beispiel in der S-Bahn saßen, zwanghaft alle zwei Minuten auf den neuesten Stand in sämtlichen mobilen Nachrichtenportalen bringen wollten – aus der schieren Angst heraus, ein epochales Großereignis wie die Verletzung von Marco Reus oder die Trennung von Sophia Thomalla möglicherweise nicht als Erste zu erfahren. Auch jede aufkeimende Diskussion wurde auf einmal bereits im Ansatz totgegoogelt.

Bei dieser Gelegenheit fällt mir ein Streitgespräch ein, das wir irgendwann Ende der Neunzigerjahre natürlich in der »Oase« führten: Es ging darum, wie viele Tore der legendäre Fehleinkauf Jean-Pierre Papin in seinen zwei enttäuschenden Jahren für den FC Bayern München erzielt hat. Wir debattierten, lachten und stritten – und schlossen schließlich eine Wette ab, die dem Gewinner einen Kasten Bier bringen sollte. Am Ende des Abends standen ein Anruf in der auskunftsfreudigen Redaktion des *kicker* – und die nächste Partylocation fest, denn Markus hatte recht. Heute wüssten wir dank unseres Smartphones überall auf der Welt innerhalb von 0,21 Sekunden: Es waren drei in 27 Spielen. Dasselbe gilt für alle anderen Informationen auch: Das Sternzeichen von Günther Jauch (Krebs; 0,38 Sekunden), der zweite Vorname von Angela Merkel (Dorothea; 0,30 Sekunden) – was auch immer irgendwo irgendwie zur Sprache kommt, wird sofort verifiziert oder verworfen. Auf diese Weise machen das iPhone und seine Android-Brüder wirklich jeden zum Besserwisser. Ein netter Abend unter Freunden sah einst anders aus.

Hinzu kommt erschwerend, dass auch die Qualität der auf diese Weise gefundenen Informationen bisweilen stark zu wünschen übrig lässt: Die Hauptnachrichtenquelle für die Online-Suche daheim und unterwegs ist Wikipedia, die virtuelle Fast-Food-Enzyklopädie. Konnten wir uns einstmals blind auf den guten, alten Professor Brockhaus verlassen, dessen ersten Band wir feierlich von Onkel Günther zur Konfirmation überreicht bekommen haben, reicht nun ein einziger Displaywischer zur umfassenden Wissensfindung. 39,5 Millionen Artikel finden sich weltweit im Wiki-Netzwerk – knapp zwei Millionen davon allein auf Deutsch. Selbstverständlich habe auch ich diese Information gegoogelt und in 0,45 Sekunden erhalten. Dass sich unter diesen Massen an Beiträgen auch unzählige Einträge befinden, deren Niveau einen langjährigen Brockhaus-Redakteur depressiv gemacht hätte, versteht sich angesichts des Wikipedia-Prinzips von selbst. Grundsätzlich kann darin schließlich erst mal jeder zum Experten werden, wenn er nur die komplizierten technischen Voraussetzungen zum Erstellen eines Aufsatzes kapiert. Darum stehen neben einigen tatsächlich profunden Stücken auch unzählige oberflächliche, belanglose oder schlicht falsche Behauptungen im Netz, bis das viel beschworene Prinzip der intellektuellen Selbstreinigung greift. Das aber kann teilweise recht lang dauern. Weil aber der gedruckte Brockhaus aus Kostengründen schon vor Jahren endgültig eingestellt wurde, führen künftig noch weniger Wege an Wikipedia vorbei.

Doch nicht nur durch Wikipedia bleibt die soziale Komponente selbst bei Treffen unter Freunden manchmal auf der Strecke: Durch die Auswahl an multimedialen Ersatzbeschäftigungen kann es leicht passieren, dass sich mehrere miteinander bekannte Menschen an einem Tisch befinden – und sich die gesamte Zeit nicht eine einzige Minute umeinander kümmern. Während einer mit seiner neuesten Eroberung chattet, ein anderer einen Filmtrailer auf »YouTube« anschaut und der Nächste die Fotos aus dem gerade beendeten Urlaub bei »Facebook« einstellt, wird auch noch der Letzte sein Handy aus der Tasche ziehen und wenigstens ein bisschen im Netz surfen, um nicht als Einziger herumzusitzen wie bestellt und nicht abgeholt. Nach zwei Stunden zahlt man dann und geht. Zwar empfinden einer Umfrage zufolge zwei Drittel aller Deutschen Smartphones in der Umgebung als störend, wenn sie selber aber eins benutzen, ist es mit diesem Bewusstsein nicht mehr allzu weit her.

Als wäre das nicht schon ärgerlich genug, hat sich seit der flächendeckenden Verbreitung des Smartphones der ohnehin schon hohe Belästigungsgrad durch die vielen uns erreichenden E-Mails noch gesteigert. Das amerikanische Internet-Portal »Online-College« fand in diesem Zusammenhang heraus, dass 67 Prozent aller Smartphone-Nutzer sogar während eines Rendezvous' ihren Posteingang überprüfen. Die Hälfte guckt selbst beim Geschlechtsakt ab und zu ins Postfach, und ein Drittel greift in der Kirche zum Handy. Auch ein banaler Fernsehabend ist offenbar ohne das Mobiltelefon kaum mehr möglich: 42 Prozent surfen darauf im Internet, während sie vor der Glotze sitzen! So kann man vielleicht umgehend seine Meinung im Teletwitter zum neuen *Tatort* kundtun – auch wenn das ganz nebenbei die Frage aufwirft, wen das eigentlich interessieren soll. Doch wer so etwas tut, wird nachweislich dumm dabei: Aktuelle neurologische Studien beweisen, dass Menschen während jeder zusätzlichen medialen Tätigkeit zehn Prozent ihrer geistigen Leistungsfähigkeit verlieren. Langfristig negative Auswirkungen auf die individuelle Konzentrationsfähigkeit werden dabei ausdrücklich nicht ausgeschlossen!

Die ständige Erreichbarkeit auf der einen Seite sowie die kontinuierliche Verfügbarkeit von Informationen auf der anderen gingen logischerweise nicht spurlos an uns vorüber. Unser Körper ist inzwischen derart übersensibilisiert in Bezug auf die Benutzung des Smartphones, dass er physisch auf den Gebrauch reagiert. Forscher der britischen University of Worcester berichteten, dass eine übermäßige Anwendung der Geräte zu ähnlichen Symptomen wie bei Drogenmissbrauch führen kann. Sie maßen bei jenen Versuchspersonen, die von sich behaupteten, intensive Smartphone-Verwender zu sein, zunehmende

innere Unruhe, vermehrte Schweißausbrüche und signifikante Schlaf-
losigkeit. Sogar Phantomvibrationen wurden von den Wissenschaftlern
registriert – ein Phänomen, das anfangs von den meisten Psychologen
noch als schlechter Witz abgetan wurde, heute jedoch bei geschätzten
bis zu 40 Prozent aller User regelmäßig auftaucht. Derartige Synapsen-
Fehlfunktionen sollten uns eigentlich ein bisschen Respekt einflößen.
Aber noch zahlt den Handy-Entzug leider nicht die Kasse.

Selbst gemeinhin beachtliche technische Errungenschaften wie der
Touchscreen, den Apple zugegebenermaßen äußerst benutzerfreund-
lich hingekriegt hat, haben noch einen Haken. Es war klar, dass es
nicht lang dauern konnte, bis eine derart intuitiv angelegte Bedien-
technik auch für Kinder zugänglich gemacht wurde. Und so wischen
und tippen unsere Kleinen dank spezieller Programme freudig über
die Tablet-Computer oder Smartphone-Bildschirme ihrer Eltern. Die
Konsequenz, die man sich vorzugsweise auf zahlreichen »YouTube«-
Videos anschauen kann: Beim erstmaligen Betrachten eines analogen
Bilderbuches aus dem beinahe vergessenen Werkstoff Papier versuchen derart konditionierte Kinder zunächst, die Seiten mit Daumen
und Zeigefinger aufzuziehen. Dass das bei diesem Medium leider nicht
so gut funktioniert, bekommen manche irritierten iPad-Babys erst im
Kindergarten mit. Wenn überhaupt.

Ach ja: Selbst unsere »Oase« ist zwischenzeitlich ein Opfer des medialen Zeitalters geworden. Zumindest ist dies meine Vermutung, denn
bei meinen letzten Besuchen dort vor einigen Jahren konnte ich weit
und breit keine Cliquen mehr beobachten, die lautstark Backgammon
oder Skat spielten wie wir dereinst. Stattdessen saßen einzelne Gäste alleine an den Tischen und blickten stumm in ihr Smartphone – ich ein-
geschlossen. Und dort, wo der stets belegte Billardtisch stand, befand
sich ein großes Schild, das auf kostenloses WLAN hinwies. Vermutlich
hat auch dieses Angebot nicht ausgereicht, die nötigen Umsätze zu machen. Bei allem, was ein iPhone auch kann – ein Cola-Weizen trinkt es
mit einem eben noch nicht.

Weil wir uns nicht mehr auf unseren Verstand verlassen

Bis zur Anschaffung meines »Skyper« besaß ich im Grunde genommen kaum technische Hilfsmittel, die mir mein Leben in irgendeiner Weise erleichtern hätten können. Zwar schrieb ich mir – so wie die meisten meiner wie ich allenfalls durchschnittlich begabten Freunde auch – zumindest für Mathe, Physik, Geschichte, Chemie und Bio regelmäßig Spickzettel. Und deren Gestaltung konnte schon mal höchst ausgeklügelt ausfallen, wenn wir es etwa schafften, einen Zettel mit dem kompletten Periodensystem in einem handelsüblichen Kugelschreiber unterzubringen. Ansonsten aber beschränkten sich meine Utensilien zur Bewältigung des beschwerlichen Alltags auf einen Kalender, in den ich alle bevorstehenden Ereignisse wie Schulaufgaben, Projekttage oder Ferien nach Relevanz geordnet in verschiedenen Farben eintrug. Und natürlich meinen topmodernen Solar-Taschenrechner, auf den ich sehr stolz war, weil ihn der Hersteller in ein 30-Zentimeter-Lineal hatte einbauen können. Ach ja, und eine digitale Armbanduhr von Casio hatte ich auch. Mit ihr ließ sich nicht nur die jeweilige Uhrzeit zuverlässig feststellen, sie stoppte zusätzlich eine Minute mit der Genauigkeit einer Zehntelsekunde, was bei Wettrennen unerlässlich war. Und sie vermochte mich sogar, jeden Tag aufs Neue rechtzeitig zu wecken. Zumindest, solange die Knopfzelle hielt. Sonst aber musste ich mich mehr oder weniger auf meinen Verstand verlassen.

Inzwischen jedoch beginnt nicht nur bei mir jeden Morgen aufs Neue ein technisch hochgerüsteter Lebenskreislauf: Nach der finalen Internet-, Social-Network- und E-Mail-Kontrolle am Vorabend ist das Smartphone das Letzte, was ich an einem gewöhnlichen Tag in die Hand nehme. Und auch wieder das Erste – schon allein deshalb, weil es mich mit meinem Lieblingsradiosender, einem Lied aus meiner umfangreichen Musikbibliothek oder einem fröhlichen Klingelton wecken kann. Während der Zeit dazwischen liegt es im Idealfall auf stumm geschaltet ungefähr einen viertel Meter von meinem Kopf entfernt auf dem Nachttisch. Und das, obwohl die Weltgesundheitsorganisation WHO Handy-Strahlung seit 2011 als »möglicherweise krebserregend« einstuft und epidemiologische Studien belegen, dass Menschen, die ihr Telefon über viele Jahre intensiv benutzt haben, zumindest ein leicht erhöhtes Risiko haben, an einem Gehirntumor zu erkranken. Aber bei durchschnittlich 214 einzelnen Nutzungen pro Tag kommt es auf die paar Stunden Stand-by-Zeit in der Nacht irgendwie auch nicht mehr an. Viel interessanter als der hoffentlich höchst unwahrscheinliche Aspekt, ob mir und all den anderen Nutzern wegen unserer Telefoncomputer in ein paar Jahrzehnten mal eine schlimme Krankheit drohen könnte, ist eher die Frage, ob wir ohne das Smartphone und die vielen »App« genannten mobilen Anwendungen überhaupt noch in der Lage wären, unser Leben zu meistern.

Heute gibt es knapp 1,2 Millionen solcher mobilen Programme allein in Apples »App Store« und rund 1,3 Millionen in Googles Pendant »Play«. Und all diese Programme wollen schließlich auch verwendet werden: Alleine die Apple-Apps wurden nach Unternehmensangaben bislang etwa 75 Milliarden Mal heruntergeladen. Alles in allem werden nur in Deutschland auf diese Weise rund 1,3 Milliarden Euro Umsatz jährlich gemacht, was diese Branche zu einem der lukrativsten Wirtschaftszweige überhaupt hat werden lassen. Und auch ich habe dazu leider meinen kleinen Teil beigetragen.

Nach dem besagten Wecken und noch in der Horizontalen lese ich bereits die aktuellen Nachrichten und betrachte die Wettervorhersage. Dann erinnert mich eine App umgehend an alle Termine des Tages, so wie das 75 Prozent der Deutschen ebenfalls handhaben. Das ist nicht nur insofern praktisch, als auch nach ein paar Jahren Ehe zumindest wegen des vergessenen Hochzeitstages kein Streit mehr mit meiner Frau droht oder ich die Zahnarztbehandlung nicht vergessen kann, sondern vor allem deshalb, weil bei den 342 im Durchschnitt vorhandenen »Facebook-Freunden« statistisch gesehen fast jeden Tag ein anderer Geburtstag hat und sehnsüchtig auf seine Pinnwand starrt.

Nun könnte ich, wenn ich wollte, erst mal meine Nachtruhe analysieren: Mein »Sleep Recorder« jedenfalls hat die vergangenen siebeneinhalb Stunden dank des Telefonmikrofons akribisch aufgezeichnet. Wer wie ich ab und zu nicht genau weiß, ob das heftige Schnarchen an der Flasche schweren spanischen Rotweins am Vorabend lag oder doch eine tiefergehende medizinische Ursache hat, könnte seine Aufnahmen sogar in der weltumspannenden Community dieser Anwendung veröffentlichen und sich dort einen Rat einholen, ob man besser einen Somnologen aufsuchen sollte.

Nach dem Blick auf den Regenradar samt exakt berechneter Niederschlagswahrscheinlichkeit mit Windrichtungsprognose weiß ich, wie ich mich heute kleiden muss. Auf die elektronische Stilberatung im Anschluss verzichte ich dagegen. Zwar würde diese App mir punktgenau vorschlagen, was ich an diesem Tag in welcher Kombination anziehen darf, dazu hätte ich aber zuvor meine sämtlichen Kleidungsstücke einzeln in einer virtuellen Garderobe hinterlegen müssen, was mir allerdings nach fünf Hemden, zwei Jeans und drei Pullovern zu blöd wurde; auch weil mich meine Frau für vollkommen bekloppt erklärte, als sie mich beim Fotografieren meiner T-Shirts beobachtet hat. Duschen muss ich noch vollkommen autark, für die Zahnpflege gibt es aber bereits ein weiteres Hilfsprogramm, das mit meiner elektronischen Zahnbürste verbunden ist, deren Putzprogramme sich auf die individuellen Bedürfnisse meines Mundes abstimmen, sowie exakt Buch darüber führt, ob und wie gewissenhaft ich meinen Reinigungspflichten in diesem Monat nachgekommen bin. Auch kurz darauf in der Küche kann ich wieder auf eine App zurückgreifen, die mir empfiehlt, aus welchen Zutaten ich für mich und meine Frau das Frühstück zubereiten soll. Das Prinzip ist in etwa dasselbe wie beim Kleiderschrank, nur dass ich hier vorab die jeweils vorrätigen Lebensmittel eingeben musste, was ich dummerweise irgendwann begonnen habe und nun aus Gewohnheit nicht mehr sein lassen kann. Überflüssig zu erwähnen, dass die anhand verschiedener Parameter genau ermittelte Siedezeit des perfekten weich gekochten Eis ebenso auf meinem Display erscheint wie die minutengenaue Abfahrtszeit meines Busses dank der auf mich personalisierten Fahrplan-Anwendung. Und sollte ich ausnahmsweise mit dem Auto ins Büro fahren, gibt's Verkehrs- und Routenplaner, Stau- und Radarwarner, Tankstellenfinder, Navigationshilfen und Abertausende andere, ähnliche Anwendungen mehr.

Dass ich in der Arbeit ernsthafte Business-Apps nutze, um zum Beispiel Dokumente zu scannen oder die fällige Präsentation noch mal zu überarbeiten, ist dagegen eher abwegig. Erstens ist mein Smartphone ja kein schnödes Diensthandy, sondern ein privates Statussymbol und somit eindeutig zu schade, um seinen Speicher mit einschläfernder Anwendersoftware zu beleidigen. Und zweitens gibt's dafür einfach viel zu viele lustige Spiele-Apps, die helfen, den langen Arbeitstag erträglich zu machen. Monat für Monat kommen Hunderte neue Titel auf den Markt, und wer sich erst mal durch sämtliche 48 Level von »Cordy 2« gedaddelt hat, für den ist auch schon bald Mittagspause.

Nach dem Mittagessen im neuen italienischen Bistro um die Ecke, dessen zuvorkommenden Service ich natürlich umgehend auf einem mobilen Bewertungsportal loben muss, lese ich die aktuellen Meldungen der Tagespresse, sehe in der ZDF-App den Rest des *Mittagsmagazins*, schicke ich ein paar Dutzend Nachrichten an meine Bekannten ab und konzentriere mich darauf, den heimischen Festplattenrekorder fehlerfrei zu programmieren. Anschließend widme ich mich wieder Wichtigerem: meinen Bankgeschäften. Weil selbst die Stadtsparkasse längst eine eigene App hat, sind Überweisungen oder Daueraufträge per Smartphone eine Selbstverständlichkeit – was dazu geführt hat, dass ich mittlerweile ungefähr siebenmal am Tag und nahezu zwanghaft den Kontostand prüfe, obwohl ich eigentlich keinerlei Buchungen erwarte und mich früher problemlos damit zufriedengegeben habe, maximal einmal im Monat zum Auszugsdrucker zu gehen.

Nun erscheint es mir an der Zeit, langsam den lustigen Feierabend-Countdown zu aktivieren. Diese Anwendung ist – wie etwa gefühlte 90 Prozent aller Apps – eine reine Spaßsoftware, die keinen weiteren Sinn ergibt, als ein bisschen Speicherplatz zu beanspruchen, was sie dafür zumindest beim eigenen Gehirn nicht tut. Der bunte Datenquatsch umfasst Geräusch-Simulatoren aller Art, virtuelle Grillanzünder, Kaminfeuer oder Kerzenleuchter, vulgäre Trinkspiele oder Programme, die aus den Fotos in meinem Bilderordner bizarre Grimassen erstellen können. Natürlich kann ich mir aber auch von meinem Smartphone einige ernsthaftere Anregungen geben lassen, wie und wo ich meine spärlich bemessene Freizeit ausfüllen könnte.

Das geht einerseits mit den zahllosen Apps von Kinos, Restaurants oder Theatern nicht nur meiner Heimatstadt, sondern weltweit, andererseits viel ausschweifender mit umfangreichen Community-Programmen, die mir für die geplante Aktivität ein paar Gleichgesinnte vorschlagen, die dasselbe vorhaben. Dass derartiger Nippes wirklich zum Erfolg führt, glauben wahrscheinlich nicht einmal die Hersteller, und auch ich würde niemals eine Verabredung mit völlig unbekannten

Menschen eingehen, die mir mein Mobiltelefon anhand einiger Verhaltensparameter ausgesucht hat.

Auch die Fruchtbarkeitskalender, Zyklusplaner oder Eisprung-Apps, die bei Frauen versuchen, für Verhütung oder eben Nachwuchs im Digitalzeitalter zu sorgen, beäuge ich eher skeptisch: In die Programme eingetragen werden müssen schließlich sämtliche relevanten Personendaten wie Periodenbeginn, Körpertemperatur oder Schleimbeschaffenheit, bevor die App das Rechnen beginnt. Und wenn's am Ende wirklich geklappt haben sollte, bekommt die werdende Mutter auch noch den genauen Geburtstermin berechnet – und unter Umständen ein paar nützliche Verbraucherhinweise, wo sie günstige Windeln oder den nächsten Baby-Fachmarkt findet.

Doch hier befindet sich der erste Haken an der ganzen Angelegenheit: Die meisten Apps sind zwar äußerst günstig oder gar komplett kostenlos, aber dennoch beileibe nicht umsonst, denn auch eine Softwarefirma muss ihre Angestellten bezahlen und hat in aller Regel nichts zu verschenken. Daher finden sich immer häufiger kleine Banner in den Anwendungen, »In App Advertising« genannt, die in ihrer harmlosen Variante einfach auf den Anwender abgestimmte Werbung aufs Telefon schießen, im ärgerlichsten Fall jedoch eine Schadsoftware auf dem Gerät installieren könnten. Selbst Apple geriet mehrfach ins Kreuzfeuer der Kritik, weil der Konzern es bei seinen Updates immer wieder toleriert hatte, dass die individuelle iPhone-Geräteerkennung von Software-Anbietern teilweise recht aggressiv für Werbezwecke genutzt wurde. Manche Apps blenden unaufhörlich PR-Fenster in der Benachrichtigungsleiste ein, andere wiederum verändern automatisch die Browser- oder Desktop-Einstellungen. Schätzungen zufolge sind zumindest bei Android-Geräten fünf bis zehn Prozent aller Apps gefährliche Daten-Spione. Klar ist: Wo viel Platz ist für Programme aller Art, da sind natürlich noch mehr spezifische Informationen über das Nutzerverhalten, die wahrscheinlich deutlich mehr über uns aussagen, als wir es uns vorstellen können.

Unsere digitalen Fußspuren, die wir auf diesem Weg hinterlassen, sind tief. Niemand kann oder will uns genau sagen, was mit unseren höchst vertraulichen Informationen passiert. Wo nur verbleiben all meine aufgezeichneten Schlafgeräusche, die mühevoll katalogisierten Klamotten und die vielen anderen Fotos, meine Lebensmittel im Kühlschrank, das Fahrplanprofil, die unzähligen Nachrichten, die Zyklusdaten der anwendenden Frauen oder die verzweifelten Versuche einsamer Singles, jemanden kennenzulernen? Sie sind ja ganz real existent – und selbst wenn ich sie wieder gelöscht haben sollte, liegen sie noch irgendwo auf einem Server herum. Das *Wall Street Journal* deckte beispielsweise auf, dass das beliebte iPhone-Spiel »Angry Birds« Benutzernamen, Passwörter, Ortungsdaten und die einzigartige Telefon-Identifikationsnummer an Drittanbieter übermittelt. Der Programmhersteller »Rovio« dementierte den Bericht zwar umgehend und behauptete, es würden lediglich statistische Daten gesammelt, die angesehene Zeitung jedoch blieb bei ihrer Darstellung.

Auch die seit Jahren in der Beliebtheitsskala ganz vorne platzierte Musik-Erkennung »Shazam« geriet mehrfach unter den Verdacht, deutlich mehr Nutzerdaten seiner mindestens 150 Millionen Anwender an den eigenen Server zu übertragen, als es für die bloße Identifikation des gerade gehörten Liedes nötig gewesen wäre. Diese Schnüffelei ist durch die neuartige Funktion, wonach »Shazam« auch bei ausgeschaltetem Handy quasi im Hintergrund funktioniert und somit die ganze Zeit mithören darf, nicht gerade harmloser geworden. So werden im Extremfall 24 Stunden am Stück außer der Gerätenummer auch unsere unterschiedlichen Aufenthaltsorte und ähnlich vertrauliche Dinge an den Anbieter gesendet – der damit sicherlich die Hoffnung verbindet, aus diesen Angaben irgendwie Kapital schlagen zu können.

Die »Stiftung Warentest« konnte dem Messengerdienst »WhatsApp«, immerhin inzwischen auf fast der Hälfte aller Geräte im Einsatz, nachweisen, die Namen und Telefonnummern seiner Nutzer unverschlüsselt an seinen amerikanischen Server zu übertragen. Die Folge dieser eher laxen Auffassung von Datenschutz: Hackern war es problemlos möglich, auf ganze Telefonbücher einzelner Anwender zuzugreifen. Darüber hinaus fanden sich im Internet immer wieder veröffentlichte Anleitungen, die es Fachleuten mit finsterer Gesinnung ohne großen Aufwand ermöglichten, den Status eines jeden »WhatsApp«-Benutzers zu ändern. Zwar schloss der Hersteller die aufgedeckten Sicherheitslücken stets nach einigen Tagen wieder, doch hielt dieser beruhigende Zustand nie besonders lange an. Solange so viele Menschen derartige Programme nutzen, dürften diese für Kriminelle immer interessant bleiben.

Oder wenigstens für mehr als zweifelhafte Spaßvögel. So wie jene unbekannten Täter, die sich einst der nagelneuen App »Quip« annahmen, die sich schon kurz nach ihrer Veröffentlichung Zehntausende zum Preis von 99 Cent im App Store heruntergeladen hatten, weil man mit dem Programm die neuesten persönlichen Schnappschüsse kostenlos per MMS versenden konnte, anstatt wie üblich dem Provider jedes Mal bis zu einen Euro zu bezahlen. Doch diese Ersparnis lohnte sich für einige Kunden nur bedingt: Nach der unbemerkten Attacke gelangten über 1200 private Bilder öffentlich einsehbar ins Netz; darunter auch zahlreiche Nacktfotos, die ein paar verliebte Mädchen eigentlich nur dem jeweiligen Schwarm hatten zusenden wollen.

Unabhängig von einzelnen schwarzen Schafen ist inzwischen generell klar, dass unsere Smartphones auf jeden Fall ein umfangreiches Bewegungsprofil von uns allen erstellen. Und zwar über aktivierte GPS- oder WLAN-Funktionen, das Einloggen in soziale Netzwerke oder aber die Standortdaten von mit dem Telefon geknipsten Fotos. Zwar behaupten sowohl die Hardware- wie auch die Software-Hersteller, dies alles finde anonym statt, dass diese Daten jedoch mittels einiger mathematischer Kniffe durchaus einfach entschlüsselt werden können, zeigte eine in der US-Zeitschrift *Nature* veröffentlichte Untersuchung von Wissenschaftlern der Universität Harvard.

Die Experten begutachteten 15 Monate lang die anonymisierten Daten von insgesamt 1,5 Millionen Kunden eines großen europäischen

Mobilfunkanbieters. Und fanden heraus, dass der Provider jedes Mal speicherte, wenn ein Handy bei einem Anruf mit einem der rund 6500 Funkmasten des Netzbetreibers verbunden war. Im Durchschnitt wurde so jeder Kunde immerhin 114 Mal im Monat geortet. Weil aber diese Profile derart einzigartig waren, reichten gerade mal vier zufällig herausgegriffene Zeit- und Standortdaten aus, um das vorher anonyme Bewegungsmuster einer konkreten Person zuzuordnen. Um dann noch deren richtigen Namen herauszufinden, müsste man dieses Muster lediglich mit einer zweiten Datenbank – wie etwa »Facebook« – abgleichen.

Apple ging da wie gewohnt von vornherein einen Schritt weiter und ließ sein iPhone gleich selbst ein komplettes Bewegungsprofil seines Besitzers erstellen. Was vor einigen Jahren für riesigen Wirbel sorgte, hätte eigentlich niemanden wundern müssen. Immerhin steht schon in den Nutzungsbedingungen von iTunes, dass der Aufenthaltsort eines iPhone-Nutzers über die in der Nähe befindlichen WLAN-Netzwerke und Mobilfunkzellen direkt an Apple gesendet wird. Schade nur, dass sich diesen Katalog wahrscheinlich kein Mensch jemals vollständig durchgelesen hat. Nun aber hatten Datenschützer überdies noch entdeckt, dass auch mein sündteures Lieblingsspielzeug all meine Aufenthaltsorte in einer Datei auf dem Gerät abspeichert – die dann bei jedem neuen Back-up auf den Computer oder in die Datenwolke übertragen wird. Zerknirscht gab Apple zu, dass sich der Spuk gar nicht erst deaktivieren lässt, und beseitigte den Fehler eilig im folgenden Update. Dass aber über Jahre hinweg auf ein paar Meter genaue Bewegungsprofile von Millionen Menschen praktisch frei zugänglich waren, ließ sich dadurch auch nicht mehr rückgängig machen.

Bald werden mit all diesen Infos sogar Voraussagen über künftige Aktivitäten möglich sein: Forscher der Universität Birmingham berechneten, dass sich mit geschickten mathematischen Modellen und den vorhandenen Standortdaten der letzten Monate eine immerhin auf 20 Meter genaue Vorhersage treffen lassen soll, welche Aufenthaltsorte der betreffende Nutzer in den nächsten 24 Stunden aufsuchen wird. So weiß irgendjemand da draußen, was man morgen vorhat, bevor man es überhaupt selbst weiß.

Fernab aller technischen Raffinessen der Gegenwart oder der Zukunft droht uns schlussendlich auch noch eine ganz triviale Gefahr, wenn wir zu viele Details unseres Lebens in unserem Smartphone hinterlegt haben. Es soll ja durchaus schon ein paar Mal vorgekommen sein, dass Menschen ihre Handys verloren haben – beziehungsweise die Geräte in der Fußgängerzone, der Disco oder im Urlaub geklaut wurden. Dass wir in solchen Fällen wieder selbst unsere Klamotten zusammenstellen oder auf den Aushangfahrplan an der Haltestelle schauen müssten, ließe sich vielleicht noch verschmerzen. Was aber, wenn das Gerät jemandem in die Finger fällt, der Schindluder mit unseren Daten treiben möchte? Auch hierfür gibt es natürlich eine App, mittels der man per Fernsteuerung von jedem Computer aus den ganzen Inhalt seines Telefons schleunigst eliminieren kann. Diese Anwendung sollte man sich vielleicht wirklich herunterladen. Bei allen anderen Programmen aber ist zweimaliges Hinsehen angebracht, bevor man dem iPhone, dem Galaxy oder dem HTC sein Allerheiligstes anvertraut.

Meine zahlreichen Kalender mit den vielen verschiedenfarbigen Einträgen besitze ich übrigens noch. Wenn ich sie heute durchlese, kommen mir unzählige Erinnerungen an meine Schulzeit. So ist mir beim zufälligen Aufschlagen der Ausgabe für das Jahr 1991 die für den 11. Februar angekündigte Klausur in Deutsch, die ich mir in der wichtigsten Farbe Rot aufgeschrieben hatte, noch genauso präsent wie die Geburtstagsfeier von Basti einen Tag später. Bei der Klausur ging es um Goethes *Werther*, den ich leider nur sehr flüchtig durchgelesen hatte, was mir eine Fünf einbrachte, die mieseste Deutschnote, die ich jemals bekam. Dafür traf ich auf Bastis Fete das allererste Mal Julia; es war ein Abend, den ich nie vergessen werde. Was alles in allem beweist, dass mein Verstand immer noch ausreichend Speicherplatz zur Verfügung hat und es die vielen Apps auch auf meinem Smartphone wahrscheinlich gar nicht bräuchte.

Weil »Facebook« nichts zu verschenken hatte

Notgedrungen arrangierte ich mich damit, dass sich unsere Freizeitgestaltung nun, da wir nicht mehr zur Schule gingen und anderen Verpflichtungen nachkommen mussten, ein bisschen verändert hatte. Es gab keine »Oase« mehr, und ich sah meine Freunde längst nicht mehr so oft wie früher, was natürlich nicht nur an der fortschreitenden Technik lag, sondern auch daran, dass immer mehr von uns nun eine eigene Familie gründeten. Aber immerhin ließen wir den Kontakt nicht ganz abreißen: Wir trafen uns hin und wieder auf ein Feierabendbier in anderen Lokalen, veranstalteten im Sommer alle paar Wochenenden einen Grillabend bei einem von uns zu Hause oder gingen gelegentlich auf eine Radtour. Doch auch diese Ereignisse wurden immer weniger, und ich bemerkte gar nicht, wie ich langsam zu einer Art Außenseiter avancierte.

Erst waren es vereinzelte Verabredungen, die ich verpasste, weil mir niemand Bescheid gab. Dann unterhielten sich meine Freunde immer häufiger über Dinge, die ich offenbar entweder nicht mitbekommen oder von denen ich von vornherein keine Ahnung hatte – lustige Urlaubserlebnisse zum Beispiel, kuriose Anekdoten prominenter Persönlichkeiten oder auch spektakuläre Videos aus aller Welt, die ich nicht kannte, über die aber komischerweise alle anderen lachten. Als ich im Nachhinein und eher zufällig von einem gemeinsamen Zoobesuch Wind bekommen hatte, der feuchtfröhlich in der Tierparkschenke ausgeklungen war, platzte mir der Kragen. Ich wollte wissen, was auf einmal los war und ob die Ausgrenzung der letzten Zeit an einem Fehlverhalten meinerseits lag. Die Antwort war so erhellend wie ernüchternd, denn ich bekam zur Auskunft, ich müsse mich nur bei »Facebook« anmelden – und schon wäre ich wieder mittendrin statt nicht dabei. Die meisten machten das jetzt so, und man könne sich dort prima und total unkompliziert austauschen und verständigen.

Dass ich über keinen Account verfügte in diesem sogenannten sozialen Netzwerk, von dem schon seit einiger Zeit alle sprachen und über dessen Gründer Mark Zuckerberg so viel berichtet wurde, war jedoch keineswegs ein Versehen. Ich verweigerte mich diesem – wie ich fand – neumodischen Unsinn stattdessen vollkommen bewusst, denn ich sah überhaupt keinen Sinn darin, mich vorwiegend mithilfe einer Internetseite auszutauschen. Es war in meinen Augen schlimm genug, dass bei unseren ohnehin selten gewordenen Treffen erst mal jeder nach unten auf sein Smartphone starrte, bevor wir die Köpfe hoben und endlich den ersten Satz miteinander wechselten. Aber dieses »Facebook« war mir von Anfang an nicht geheuer: Ich hielt es für eine Plattform für Selbstdarsteller, Angeber und Aufreißer, die kein Mensch wirklich benötigte.

In den ersten Jahren glaubte ich, mich in guter Gesellschaft zu befinden: Viele meiner Freunde gaben mir recht, sie hatten ebenfalls keine gute Meinung von »Facebook« und waren nicht dabei. Offenbar unterschätzte ich den Gruppenzwang: Erst war es Basti, dann Markus, und schließlich schlossen sich alle anderen Bekannten der Bewegung an, während ich der Letzte war, der bei der Massenhysterie nicht mitmachen wollte, die mir immer unheimlicher wurde.

Es fing schon damit an, dass ich mit dem Bewusstsein aufgewachsen bin, ein Unternehmen könne nur dann wirklich wertvoll sein, wenn es auch tatsächliche Werte besaß. Mein Opa Herbert etwa war bei Siemens angestellt, und von denen wusste ich nicht nur, dass ein paar Hunderttausend Menschen für sie arbeiteten, sondern auch, dass dieser riesige Konzern über Hunderte teils beeindruckend große Gebäude auf allen Kontinenten verfügte, überall eigene Fabriken baute und sogar in der Lage war, komplette Kraftwerke herzustellen. Die Vorstellung, dass Siemens an der Börse insgesamt 80 Milliarden Euro einbrachte, war also nicht ganz abwegig. »Facebook« aber gehörte ein unspektakuläres Bürohaus irgendwo in einer kalifornischen Kleinstadt, in dem ein paar Hundert junge Leute dicht gedrängt an Computern herumsaßen, die auf Pressspanschreibtischen standen. Das war alles. Wie konnte so eine Firma dreimal so viel wert sein? Ich begann, mich tiefer gehend mit der Materie auseinanderzusetzen.

Mark Zuckerberg stammte aus einer wohlhabenden Zahnarzt-Familie und wuchs mit seinen drei Schwestern in einem Dorf im US-Bundesstaat New York auf. Er war so etwas wie ein Wunderkind, hoch talentiert, aber mit einigen Defiziten im sozialen Umgang. Auf dem College hatte er kaum Freunde, aber er hatte seinen Verstand. Als er zehn war, schenkten ihm seine Eltern einen »Quantex DX«-Computer mit 486er-Prozessor. Weil er keinen Football und keinen Basketball spielte, fing er an, in seinem Kinderzimmer zu programmieren.

Nach wenigen Wochen hatte er eine Computer-Variante des Brettspiels »Risiko« entwickelt, allerdings der größeren Herausforderung wegen auf Latein. Wenig später beauftragte ihn sein Vater, für seine Praxis eine Art internes Netzwerk zu entwerfen, mit dem die Sprechstundenhilfe am Empfang die neuen Patienten anmelden konnte. Der Junge tat wie ihm geheißen, doch er weitete von sich aus den gewünschten Dienst gleich auf das elterliche Zuhause aus und nannte das Ganze »Zucknet«. Inzwischen hatte er einen Privatlehrer, um seine Programmierkenntnisse zu perfektionieren.

Nach der zehnten Klasse wechselte Zuckerberg von der Highschool aufs College, auf dem er einen wissenschaftlichen Preis nach dem anderen abräumte und trotzdem ein Außenseiter blieb. Als er mit 18 ein Psychologie-Studium an der Elite-Uni Harvard begann, spukte ihm das »Zucknet« noch immer im Kopf herum. Es musste doch möglich sein, etwas zu erfinden, mit dem man andere Leute kennenlernen konnte – zum Beispiel solche, die ebenso einsam waren wie er.

Vor diesem Hintergrund entstand »Facemash«, eine Seite im Uni-Intranet, mittels der sich die Harvard-Kommilitonen untereinander dem Aussehen nach beurteilen konnten. Dass er keinerlei Rechte an den Bildern besaß, störte Zuckerberg nicht weiter. Nach einem Rüffel von der Uni-Leitung dachte er darüber nach, wie er »Facemash« um- und vor allem ausbauen konnte. Wie es der Zufall wollte, traf er in den Computerzimmern des Campus tatsächlich drei andere Jungen und sogar ein Mädchen, die allesamt ähnlich dachten wie er. Nun waren sie immerhin zu fünft. Sie tüftelten auf der Basis von »Facemash« eine zumindest teilweise offene Netzwerk-Webseite aus, die auch an anderen Unis verfügbar sein sollte und die es ermöglichte, umfangreich zu interagieren. Über den Ursprung dieser Idee zerstritt er sich mit seinen Kompagnons schnell wieder, aber das war egal. Denn binnen eines Jahres hatte das inzwischen »Facebook« genannte Projekt nahezu eine Million Studenten aus den ganzen USA als Mitglieder gewonnen. Zuckerberg hatte genug gesehen, um zu wissen, was er nun tun musste. Er schmiss sein Studium und widmete sich ganz der Optimierung jenes Einfalls, den er allem Anschein nach den einzigen Kumpels, die er je hatte, einfach geklaut hat. Das war 2004.

Nicht einmal eineinhalb Jahrzehnte später hat »Facebook« knapp 1,6 Milliarden Mitglieder, und der Umsatz verdoppelte sich allein von 2013 bis 2015 von rund 8 auf über 17 Milliarden Dollar. Auch wenn das Wachstum längst langsamer erfolgt als in den goldenen Jahren nach dem Start, hat Mark Zuckerberg mit seiner Erfindung ein Sechstel der Weltbevölkerung zu treuen Kunden gemacht – und aus eigenständigen Individuen willige Datenlieferanten, die teilweise ihr komplettes Privatleben einem Internetprogramm mit fragwürdigen Schutzbestimmungen anvertrauen. Sein Netzwerk hat mehr Macht als Chinas Kommunisten, als Russlands Oligarchen oder als Amerikas Waffenlobby. Nach dem Christentum und dem Islam ist »Facebook«, wenn man so will, inzwischen die drittgrößte Religionsgemeinschaft der Erde. Das alles waren Fakten, die mir ein wenig Angst machten.

Aber auch wenn es mir nicht in den Kram passte, musste ich anerkennen, dass sich unsere Welt gerade in Lichtgeschwindigkeit veränderte: Viele von meinen Freunden richteten inzwischen ihr ganzes Leben nach »Facebook« aus und teilten intimste Einzelheiten aus ihrem Dasein Hunderten mehr oder weniger fremden Menschen mit. Und auch ich hätte mich endlich anmelden müssen, wenn ich über den Urlaub in Apulien, die Geburtstagsfeier der Zwillinge oder den Besuch des Auswärtsspiels in München Bescheid hätte wissen wollen. Tatsächlich interessierte mich manches davon sogar. Doch ich hatte keine Lust, ebenfalls dem Zwang ausgesetzt zu sein, meine Umwelt über jeden meiner Schritte in Kenntnis zu setzen.

Das Hauptargument, das ich von den vielen »Facebook«-Befürwortern immer wieder hörte, wenn ich leise gegen deren Gedankenlosigkeit aufbegehrte, war, dass die Mitgliedschaft doch kostenlos und somit mit keinerlei Risiko verbunden sei. Dabei war das bereits der erste und wahrscheinlich der größte Haken von allen: Wer kein Geld bezahlte, war in der »Facebook«-Welt schlicht und ergreifend kein Kunde, sondern allenfalls ein Bittsteller. Kunden waren dagegen nur diejenigen, denen die Sache etwas wert war. Und die Sache – das waren vor allem die vertraulichen Nutzerdaten, die für die Werbeindustrie weltweit so verlockend wirkten wie eine bunte Blüte auf eine bestäubungswillige Biene. Ein einziger ordentlicher, sprich möglichst umfangreicher Datensatz konnte Expertenschätzungen zufolge bis zu 100 Dollar einbringen! Mindestens diese Summe schuldeten alle »Facebook«-Nutzer dem Unternehmen gewissermaßen seit ihrer Anmeldung.

Nur so schien sich zu erklären, dass bereits vor einigen Jahren die US-Bank Goldman Sachs unfassbare 450 Millionen Dollar für einen Anteil von gerade einmal 0,8 Prozent am Netzwerk berappte, als es erst ein Drittel der heutigen Nutzer hatte. Es bestand also Grund zur Annahme, dass noch viel mehr Potenzial aus dem immer mächtiger werdenden Internet-Konzern herauszuholen war. Und im »Like«-Button mit dem prägnanten Daumen schließlich war die Währung gefunden, in der alle Teilnehmer ihre Außenstände begleichen mussten.

Diese Funktion wurde erst vier Jahre nach der Gründung von »Facebook« eingeführt. Mittlerweile jedoch wird sie Tag für Tag ungefähr fünf Milliarden Mal geklickt. Mit jedem einzelnen dieser Klicks sollen wir das Interesse oder die Zustimmung für eine Website oder auch nur einen bestimmten Inhalt ausdrücken. Vermutlich aber machen sich die meisten User keinerlei tiefer gehende Gedanken, inwiefern sie tatsächlich dem aktuellen Spitzenreiter Cristiano Ronaldo (112 Millionen Likes), dem Brausehersteller Red Bull (45 Millionen Likes) oder dem Deutschen Tourismusverband (1400 Likes) zugeneigt sind. Man klickt vielmehr ganz selbstverständlich irgendwo drauf, wenn man auf einer Seite länger als eine Sekunde hängen bleibt oder diese empfohlen bekommt. Einzig für »Facebook« selbst war natürlich von Anfang an sonnenklar, dass die hellblaue Hand mit dem weißen Hemdknopf so wertvoll war wie echtes Bargeld und für die Wirtschaft dieselbe Aussagekraft besaß wie eine umfassende Marktstudie.

Deshalb streuten die Verantwortlichen genüsslich Geschichten wie die des Jeans-Herstellers Levi's, der durch die Einbettung des »Like«-Buttons auf einen Schlag rund 40 Prozent mehr Besucher auf seine Internetseiten gelockt haben soll. Ob das nun wirklich stimmte, sei dahingestellt. In Wahrheit jedenfalls ist das Knöpfchen nichts weiter als eine leidlich unverschämte Datenschleuder, die Informationen ungefiltert an »Facebook« und die beteiligten Unternehmen weitergibt. Unter den Daten, die mit einem kurzen »Gefällt mir« schnell den Besitzer wechseln, sind natürlich das Datum und die Uhrzeit, an denen wir die entsprechende Seite besucht haben, die IP-Adresse des Computers, die Benutzer-Identität und die weiteren »Gefällt mir«-Spuren.

Problematisch hierbei ist weniger der eine Klick an sich, sondern vor allem, dass die Daten rasend schnell mit anderen verknüpft werden können. Das geschieht mithilfe sogenannter »Iframes«, die in der Regel von »Facebook« selbst programmiert werden und die bei der Einbettung eines neuen »Like«-Buttons auf irgendeine Webseite praktischerweise gleich inbegriffen sind. Ist der jeweilige Seitenbesucher dann gleichzeitig bei »Facebook« eingeloggt, kann das Netzwerk zusammenfügen, was nicht zusammengehört – und ein immer lückenloseres personalisiertes Profil erstellen.

Der Konzern kennt dann binnen kurzer Zeit nicht nur die im »Facebook«-Profil angegebenen Vorlieben, sondern auch solche, die sich erst aus dem individuellen Surfverhalten im Web ergeben. Zu den übermittelten Infos gehören Bereiche unseres persönlichen Lebens, unseres Freundeskreises und unsere Bilder und Aufenthaltsorte. Moderne Rechenprogramme wie etwa jenes des amerikanischen Softwareherstellers Raytheon sind längst in der Lage, aus solchen Bewegungen auch das zukünftige Nutzerverhalten präzise vorherzusagen. Das heißt: Das genaue Verhalten von über eineinhalb Milliarden Menschen lässt sich mittels geschickter Algorithmen im Voraus berechnen. Wenn man also nur lange genug bei »Facebook« dabei ist und genügend Likes abgesetzt hat, weiß das Programm unter Umständen schon, dass man sich demnächst für einen Badeurlaub eine Bermudahose und einen Mallorca-Reiseführer bestellt, obwohl der Betreffende selbst noch davon ausgeht, im Bayerischen Wald Urlaub machen zu wollen.

Versicherungsunternehmen nutzen das Netzwerk der unbegrenzten Möglichkeiten bereits umfassend – und geben das sogar ganz offen zu. So bekannte der Vorstandsvorsitzende des französischen Assekuranz-Riesen Axa Direct, das Einkaufsverhalten seiner Kundschaft längst anhand des Online-Verhaltens zu analysieren. Aus den Daten, die aus sozialen Netzwerken wie »Facebook« stammen sowie aus den Cookies anderer Webseiten, berechnet Axa die individuelle Prämie für den jeweiligen Versicherten. Bis zu 50 Variablen berücksichtigen die findigen Franzosen bei dieser Art der Beitragsermittlung.

Genauso handhaben es unzählige Online-Shops, die ihren Kunden verschiedene Preise für ein und denselben Artikel anbieten – je nachdem, ob die über »Facebook«, Google oder eine Rabattsuchmaschine dort gelandet sind.

Dabei kann schon eine einzige »Gefällt mir«-Angabe höchst verräterisch sein: Eine Studie des Psychometrischen Zentrums der University of Cambridge unter rund 60 000 »Facebook«-Mitgliedern ergab, dass sich daraus eindeutige Rückschlüsse auf konkrete Eigenschaften des Nutzers ziehen lassen. In 95 Prozent aller Fälle lagen die englischen Forscher nach ihrer »Like«-Analyse mit der Annahme richtig, der Nutzer sei schwarz, in 88 Prozent aller Fälle tippten sie korrekt auf dessen Homosexualität und bei immerhin 85 Prozent der Account-Inhaber ließ sich einwandfrei bestimmen, ob derjenige Moslem oder Christ ist. Ein schwuler, muslimischer Farbiger sollte sich also zumindest in den USA lieber zweimal überlegen, ob er die inoffizielle Unterstützerseite von Edward Snowden wirklich gut finden möchte!

Dass außer solchen digitalen Durchleuchtungsszenarien in unschöner Regelmäßigkeit auch immer wieder eklatante Pannen passieren, lässt den Konzern traditionell ebenfalls eher kalt. So musste »Facebook« beispielsweise zugeben, dass durch einen klitzekleinen Softwarefehler eines externen Anbieters die privaten Account-Informationen von immerhin sechs Millionen Nutzern aus Versehen mal eben an andere Nutzer weitergegeben wurden. Dass durch derartige Sicherheitslücken jemand völlig Unbefugtes plötzlich unter Umständen unsere Telefonnummer oder die Privatadresse auf dem Bildschirm hat, ist für die Verantwortlichen nicht weiter tragisch – bei so vielen Teilnehmern kann ja auch nicht immer alles hundertprozentig klappen. Auch wenn »Facebook« stets beteuert, keinen Unfug mit diesen Angaben anzustellen – durch solche Mängel wird deutlich, dass irgendwo im digitalen

Hintergrund die einzelnen Nutzerinformationen sehr wohl zusammenlaufen, zur wahrscheinlich größten und fehleranfälligsten Datenbank der Welt.

Dass mit deren brisantem und vor allem vertraulichem Inhalt zumindest unzählige zahlungskräftige Werbekunden geködert werden, ist das unausgesprochene Geschäftsprinzip von »Facebook«. Damit ist Zuckerbergs Riesenkonzern, der inzwischen weltweit immerhin über 12 000 Mitarbeiter verfügt, zwar nicht alleine: Auch »Twitter«, Google oder Instagram sind sehr großzügig in Bezug auf die Weitergabe von vertraulichen Informationen. Nichts aber ist vergleichbar mit den Methoden rund um den »Gefällt mir«-Knopf, dessen Verbreitung immer absurdere Ausmaße annimmt. So ist der Button bereits auf schätzungsweise 250 Millionen Websites platziert. Die meisten Unternehmen verbinden mit dieser Einbindung von »Facebook« die Hoffnung, dass neben einer Menge Indiskretionen über die Nutzer auch jede noch so langweilige Internetpräsenz dadurch eine gewisse Aufwertung erfährt. Peinlich wird's vor allem bei professionellen Accounts, die niemanden wirklich interessieren. Dass Bayern München, Justin Bieber oder Papst Franziskus I. mit beeindruckenden Fan-Zahlen angeben können, lässt so manchen kommerziellen Website-Betreiber schnell unter Druck geraten; gilt doch im Internet nur noch derjenige als angesagt, der viele Likes vorweisen kann. Aber wie sollen zum Beispiel ein normaler deutscher Mittelständler oder ein kaum bekannter Nachwuchskünstler bei diesem Wettlauf mithalten? Kein Wunder, dass findige Geschäftsleute hier eine profitable Marktlücke entdeckt haben: Sie bieten einfach Likes zum Kauf an!

Dieser virtuelle Betrug funktioniert ganz einfach: Durch Tausende, teils gefälschte Anmeldedaten können sich zum Beispiel selbstsüchtige Dschungelcamp-Teilnehmer, kleinkarierte Lokalpolitiker oder verzweifelte Katzenstreuhersteller jede Menge Unterstützer zur Aufhübschung ihres Profils kaufen. 10 000 asiatische Likes kosten lediglich ein paar Hundert Euro. Wenn der Schwindel auffliegt, könnte das in

Bezug auf die öffentliche Meinung so ziemlich das Gegenteil erzeugen – und die gekauften Likes werden zum Image-Desaster.

»Facebook« räumte inzwischen selbst ein, dass eigenen Schätzungen zufolge ungefähr 1,5 Prozent aller Profile missbräuchlich verwendet werden. Online-Experten gehen davon aus, dass zumindest bei gewerblichen »Facebook«-Seiten schon jeder dritte »Gefällt mir«-Klick schlicht nicht echt ist. Das aber kann – im Gegensatz zu einem falschen Fan auf einer privaten Seite – aufgrund von Irreführung des Verbrauchers illegal sein und empfindliche Strafen nach sich ziehen.

Mark Zuckerberg dürfte das alles mit ziemlicher Sicherheit egal sein. Schließlich katapultierte sein »Like«-Button den Wert seiner Firma auf einen Schlag um 20 Milliarden Dollar nach oben. Die Kreativität beim Geldverdienen und kollektiven Datenabsaugen aber war damit noch lange nicht an ihrem Ende angelangt: Gleich nach der Einführung des Daumens beglückte der Konzern seine Nutzer mit der Anwendung »Places«, einer Art digitaler Stempeluhr, die es erlaubte, sich an einer beliebigen Stelle mit seinem »Facebook«-Zugang anzumelden. Dass der aktuelle Aufenthaltsort aber eigentlich eine durchaus sensible Information darstellt, war den meisten Anwendern, die ihr gesamtes Leben minutengenau fröhlich vom Biergartenbesuch bis zum Balearen-Urlaub transparent machen, wahrscheinlich nicht ganz klar. Vielleicht sollten sie einmal darüber nachdenken, wer alles lieber nicht mitbekommen sollte, dass man gerade im Fitnessclub, beim Stamm-Italiener oder sonst wo eingecheckt hat. Zwar kann man diese Funktion irgendwo in seinen Einstellungen umständlich deaktivieren und sollte das auf dem Smartphone darüber hinaus noch mal separat erledigen, aber da muss man erst mal draufkommen.

Explizit hingewiesen wird man bei »Facebook« nämlich auf so gut wie gar nichts. Dass einst die Standardeinstellungen dahin gehend verändert wurden, anstatt einige wenige plötzlich möglichst viele private Infos öffentlich zu machen, wurde erst nach heftigen Protesten weltweit wieder revidiert – ein bisschen jedenfalls. Auch die berühmt-berüchtigte »Timeline«, also die Chronik aller erhaltenen Meldungen, ist nur mit größter Vorsicht zu genießen. Denn darin werden den Anwendern dank geschickter Aufbereitungsvarianten nicht nur Details aus dem Leben entlockt, die unter Umständen niemals den Weg ins Netz hätten finden sollen, die eigenen Kontakte können darüber hinaus mit ein bisschen Herunterscrollen möglicherweise noch nach Jahren nachvollziehen, was man im Überschwang der Gefühle über einen in Ungnade gefallenen anderen Nutzer, den cholerischen Vorgesetzten oder einen philisterhaften Lokalpolitiker mitgeteilt hat. Wer darin kein Problem sieht, sollte bedenken, dass auch auf »Facebook« der Grundsatz greifen könnte, dass man sich immer zweimal im Leben begegnet – in echt oder wenigstens virtuell. Logisch, dass einem solche längst vergessenen und aus diesem Grund auch nicht gelöschten Aussetzer irgendwann um die Ohren fliegen können!

Mit der netzwerkeigenen Rasterfahndung »Graph Search« ist der Große Bruder sogar noch ein bisschen größer geworden: Vordergründig sollte die Suchfunktion dazu dienen, die immensen Informationsmengen der Mitglieder besser zu koordinieren und zusammenzuführen. Wenn man also irgendwann einmal ein Foto aus dem Stadion gepostet, ein Trikot in einem Online-Shop gekauft hat und noch dazu jeden Tag irgendeine *kicker*-Meldung anklickt, dann reimt sich die »Graph Search« zusammen, dass man ein leidenschaftlicher Fußballfan sein muss. Und wer genau so jemanden in seiner näheren Umgebung sucht, der findet am Ende womöglich diesen Nutzer. Die Suche verführt also durchaus zum Spionieren: US-Blogger Tom Scott stöberte aus experimentellen Gründen nach verheirateten Menschen, denen gleichzeitig ein Seitensprung-Portal gefiel – und fand auf Anhieb über 100 »Facebook«-Mitglieder. Dank »Graph Search« wurden bald mancherlei Aktivitäten, über die besser niemand Bescheid wissen sollte, derart öffentlich, dass man gleich eine Anzeige mit seinen Vorlieben in der Zeitung hätte aufgeben können. Und je mehr Informationen die Nutzer zugänglich machten, umso genauer arbeitete die neue Anwendung.

Die vielfältigen Daten jedenfalls, die das Netzwerk schon nach wenigen Tagen von jedem einzelnen Mitglied besitzt, hätten meiner Meinung nach wahrscheinlich jedem gestandenen Stasi-Offizier die Freudentränen in die Augen getrieben. Und genau deshalb wollte ich mit diesem Programm eigentlich nichts zu tun haben – auch weil ich im Zuge meiner Nachforschungen zu der Erkenntnis kam, dass man entgegen der Ansicht meiner Freunde sehr wohl einen Preis für seine Teilnahme bei »Facebook« zu entrichten hatte; einen recht hohen zumal.

Mit dieser Haltung aber stand ich selbst bei engeren Weggefährten plötzlich als rückständiger Spießer da, der sich dem digitalen Fortschritt verweigerte. Zwar wurde ich als bekennender Nicht-Nutzer sporadisch per SMS von bestimmten Dingen in Kenntnis gesetzt, richtig dazu gehörte ich indessen nicht mehr wirklich, und nachträglich zeigen wollten mir Basti, Markus und die anderen ihre Ferienbilder oder die Fotoserie über das neugeborene Töchterchen auch nicht mehr. Wer nicht bei »Facebook« war, der hatte eben Pech gehabt. Ich sah einsame Jahre auf mich zukommen, und wenn ich dieses drohende Einsiedlerleben nicht zubringen wollte, musste ich mich wohl oder übel entscheiden. In war, wer drin war. Und ich war zweifelsohne erst mal: raus!

Weil wir trotz 1000 Freunden womöglich allein bleiben

Stefan saß im Grunde nur zufällig neben mir. Alex, mein eigentlicher Banknachbar, war krank geworden an jenem Tag, an dem unsere Klassenlehrerin Frau Zahn uns den rothaarigen Jungen mit der lustigen Lücke zwischen den oberen Schneidezähnen vorstellte. Sie wollte, dass sich der Neue in der fremden Umgebung nicht alleine fühlte, wenn er schon mitten unter dem Schuljahr hier anfangen musste, weil sein Vater in unserer Stadt einen Job als Bauleiter eines großen Einkaufszentrums angenommen hatte. Also dirigierte sie ihn auf Alex' leeren Platz. Mein kurzes Aufbegehren gegen diese Maßnahme wurde von Frau Zahn jäh zurückgewiesen, und die nächsten beiden Jahre verbrachten wir gemeinsam, Stefan und ich.

Er ging nach der letzten Stunde mit zu mir nach Hause zum Mittagessen, dafür durfte ich regelmäßig bei ihm übernachten, in einem Indianerzelt, das wir mitten in seinem Zimmer aufstellten. Meine Mutter strickte ihm eine Wintermütze und einen dazu passenden Schal, und sein Vater zeigte mir seine beeindruckende Baustelle, auf der ich seinen Helm tragen und mit einem Materiallift fahren durfte. Wir machten unsere Hausaufgaben miteinander, weil er ein Ass in Mathe war und ich die besseren Aufsätze schrieb. Wir brachten uns gegenseitig bei, wie man freihändig Fahrrad fuhr. Und wir schworen uns, uns niemals aus den Augen zu verlieren.

Es war ein Versprechen, das wir leider nicht halten konnten.

Als die vierte Klasse beendet war, trennten sich unsere Wege. Er wechselte auf ein naturwissenschaftliches Gymnasium, ich besuchte die Wirtschaftsschule. Anfangs trafen wir uns wenigstens jeden zweiten oder dritten Tag, später dann noch einmal die Woche, und bald telefonierten wir nur noch gelegentlich. Ich verliebte mich, und meine Welt drehte sich eine Zeit lang ausschließlich um Claudia, meine allererste Freundin.

Stefan dagegen wurde Mitglied im ältesten Hockeyverein der Stadt, er war auch auf diesem Gebiet überdurchschnittlich begabt und schaffte es bis in die Jugendnationalmannschaft. Ich bekam das alles mit, wenn auch nicht mehr aus nächster Nähe. Aber ich freute mich für ihn, so wie er sich für mich freute, weil ich jemanden zum Knutschen gefunden hatte. Und plötzlich, wir standen beide gerade kurz vor dem Abi, war er wie vom Erdboden verschwunden. Niemand, den ich kannte, wusste, wohin es ihn verschlagen hatte.

Der Kontakt zu Stefan war schon vorher beinahe vollständig abgerissen, auch unsere Anrufe verstummten – ohne dass wir es wirklich bemerkten und einer dem anderen deshalb böse war. Es war eben so, dass wir beide andere Schwerpunkte setzten: Ich war nun 16 oder 17 und wollte erwachsen sein, deshalb interessierte ich mich nicht mehr für das, was mich an meine Kindheit erinnerte. Ich vermutete, dass sein Vater wieder einen Job in einer anderen Stadt antrat, denn das Einkaufszentrum war längst fertig, und das Haus, das die Familie bewohnte, wurde neu vermietet. Wo Stefan nun lebte, war für mich nicht herauszufinden: Damals, in der grauen Vor-Suchmaschinen-Zeit, gab es keinerlei Möglichkeit, mal eben nach jemandem zu forschen, außer man forstete alle Telefonbücher durch, was natürlich Schwachsinn gewesen wäre, weil ich ja keinen Schimmer hatte, in welchem Ort ich suchen sollte – es konnte Frankfurt sein, Hamburg, Köln oder sonst wo. Auch wenn uns die letzten Jahre nicht mehr viele Gemeinsamkeiten verbanden, machte mich sein Verschwinden traurig. Ich hatte ein schlechtes Gewissen und schämte mich, dass ich ihn so fahrlässig hatte ziehen lassen. Doch langsam verblassten die Erinnerungen. Und auf einmal waren sie weg.

Als ich vor einigen Jahren unvermittelt wieder von Stefan hörte, haute mich das beinahe aus den Socken. Ich hatte seinen Namen immer mal wieder gegoogelt, wenn ich zufällig an ihn dachte wie etwa am 10. August, seinem Geburtstag. Da er aber Schmidt hieß und ich regelmäßig ein paar Millionen Treffer erhielt, gab ich irgendwann konsterniert auf. Nicht einmal dank der modernen Technik sollte ich also erfahren, was aus meinem Weggefährten von einst geworden war. Da entdeckte Alex ihn auf »Facebook« – beziehungsweise wurde ihm Stefan plötzlich als Freund angeboten, weil es anscheinend mehrere gemeinsame Bekannte gab oder der Algorithmus aus anderen Gründen annahm, dass sich beide kennen konnten. Es war gruselig und faszinierend zugleich, denn Stefan lebte, wie sich aus seinem Profil ergab, inzwischen in den USA und hatte offenbar Karriere bei einem großen Beratungsunternehmen gemacht.

Bis zu diesem Zeitpunkt weigerte ich mich immer noch beharrlich, mir einen »Facebook«-Account zuzulegen. Dass man dort aber – trotz all der aufgeblasenen Nebensächlichkeiten – tatsächlich Leute finden konnte, von denen man wie in Stefans Fall annähernd 20 Jahre kein Lebenszeichen erhielt, beeindruckte mich zugegebenermaßen schon. Ich beschloss, über meinen Schatten zu springen und mich anzumelden. Es würde schon nicht so schlimm sein!

Schließlich war selbst mein geschätzter Onkel Günther, der mir vor 25 Jahren den Brockhaus geschenkt und den ich eigentlich als notorischen Innovationsverweigerer abgespeichert hatte mit seinen ewigen Hosenträgern, dem klapprigen Beiwagenmotorrad und dem flimmernden Röhrenfernseher, neuerdings und zu meinem allergrößten Erstaunen »auf Facebook«. Ich wusste zwar nicht, was er mit seinen knapp 70 Lenzen dort wollte, aber wenn selbst dieser durch und durch altmodische Mann dabei war, gab es wohl auch für mich keinen Ausweg. Eine Minute später klickte ich auf den harmlosen, grünen Registrierungsknopf, gab meine Basisdaten in die Anmeldemaske ein und las, was darunter in einer deutlich kleineren Schrift geschrieben stand:

»Wenn du auf ›Registrieren‹ klickst, akzeptierst du unsere Nutzungsbedingungen und erklärst, unsere Datenverwendungsrichtlinien sowie Bestimmungen zur Verwendung von Cookies gelesen zu haben.«

Das hatte ich natürlich nicht, aber es handelte sich offenbar um ein paar Hundert Seiten. Ich war so lange skeptisch, wog das Für und Wider so oft gegeneinander ab, dass es mir jetzt auch egal war, was »Facebook« mit meinen Daten machte und welche Richtlinien der Konzern aufgestellt hatte – besonders tiefe private Einblicke würde ich ihm ohnehin nicht gewähren.

Und dann war ich drin!

Kurz nach meiner Erstanmeldung kamen bereits die ersten Vorschläge, wer unter Umständen als mein »Freund« infrage käme. Die meisten davon kannte ich gar nicht; einige andere, die ich sehr wohl kannte, konnte ich nicht leiden, und Stefan oder Alex, die ich als »Freunde« akzeptiert hätte, waren nicht darunter. Schon zu diesem frühen Zeitpunkt meines »Facebook«-Daseins begann mich das Netzwerk zu nerven, und ich sah mich in den ersten meiner Vorurteile bestätigt. Wie konnte sich ein Computerprogramm anmaßen zu beurteilen, wer mit mir befreundet war? Und was glaubte »Facebook« überhaupt, was Freundschaft wirklich bedeutet?

Laut soziologischer Definition handelt es sich dabei um ein auf gegenseitiger Zuneigung beruhendes Verhältnis zweier Menschen, das sich durch Sympathie und Vertrauen auszeichnet. Davon aber war ich in Bezug auf die meisten Empfehlungen, die auf meinem Bildschirm landeten, weit entfernt: Für Tino M., Hans A. Bauernmüller, Ann-Caroline Winter und all die anderen freundlichen »Facebook«-Angebote empfand ich rein gar nichts. Und es kam noch schlimmer: Bereits nach wenigen Tagen erhielt ich eine Freundschaftsanfrage samt aufschlussreichen Bildern einer offenbar professionell tätigen, jungen Dame aus meiner Heimatstadt. Ich hatte mir zuvor noch nie Gedanken darüber gemacht, ob und wie »Facebook« auch von Menschen genutzt wurde, die damit einfach nur Geld verdienen wollten.

Doch jetzt bemerkte ich, dass beispielsweise Prostitution bei »Facebook« boomte, wie eine im Magazin *Wired* erschienene Untersuchung bestätigte: Fast 85 Prozent aller Damen des horizontalen Gewerbes besitzen demnach ein eigenes Profil und machen sich lieber im weitgehend regensicheren Netzwerk auf die Suche nach Freiern als auf der Straße. Ich indes, Spießer, der ich nun mal war, hütete mich seit jeher, auch nur den Begriff »Freund« allzu inflationär zu benutzen: Außer Basti, Markus, Alex und vielleicht noch zwei, drei anderen Menschen verdiente meiner Meinung nach niemand in meinem Umfeld diese Bezeichnung. Damit hatte ich jedoch das grundsätzliche System von »Facebook« nicht begriffen, wie sich herausstellen sollte.

Im Laufe der nächsten Zeit traf ich im sozialen Netzwerk immer wieder auf Personen, die sich offenbar voll und ganz über eine möglichst hohe Anzahl an »Facebook-Freunden« definierten. Da gab es den schüchternen Sven, den ich über drei Ecken kannte und von dem ich wusste, dass er seine Freizeit am liebsten alleine mit seiner Angel verbrachte – der aber bei »Facebook« trotzdem auf 200 »Freunde« kam. Da gab es die hübsche Connie, die längst verheiratet und Mutter von zwei Kindern war, aber dank ihres Aussehens über 500 »Freunde« im Account versammelte. Und da gab es Magnus, den eigentlich niemand mochte, der aber dummerweise zum lokalen Vorsitzenden einer politischen Jugendorganisation gewählt wurde, was ihm an die 1000 »Freunde«

einbrachte. Selbst ich mit meiner äußerst defensiven Herangehensweise hatte nach ein paar Wochen bei »Facebook« auf einmal mehr als 60 »Freunde« – es waren im Grunde genommen alle Leute, die ich einigermaßen gut kannte und dabei noch halbwegs leiden konnte. Und trotzdem war ich unter all jenen, die ich in meinem Account versammelte, derjenige mit den mit Abstand wenigsten Kontakten.

Mutterseelenallein aber kann man trotz einer endlos langen Meldungsliste und Neuigkeiten im Minutentakt natürlich dennoch sein. Und das wird zum zunehmenden gesellschaftlichen Problem. Mag sein, dass es mittlerweile einige Studien gibt, die belegen sollen, dass jene Menschen, die über ein intaktes soziales Umfeld verfügen, auch durch intensive virtuelle Aktivitäten nicht zum selbstmordgefährdeten Einzelgänger mutieren. Im Umkehrschluss bedeuten die Ergebnisse aber auch: Jene Zeitgenossen, die ohnehin schon latent zum Schwermut neigen, verlieren sich in aller Regel noch weiter in der vorgegaukelten Wirklichkeit. Unstrittig ist inzwischen auf jeden Fall, dass eine überhöhte Aktivität in sozialen Netzwerken zu einer schrittweisen Entfremdung vom realen Leben führen kann. Und das Grundprinzip bleibt immer gleich und lautet: Wie stelle ich möglichst einfach einen Kontakt zu möglichst vielen anderen her?

Diese Kontaktaufnahme war bis vor wenigen Jahren logischerweise mit einem nicht unerheblichen Aufwand verbunden, ohne dass man das überhaupt bemerkte: Es war selbstverständlich, dass wir, wollten wir nicht zu Hause auf der Couch versauern, andere Leute ansprachen, uns verabredeten oder wenigstens Briefe schreiben mussten. Kurz: Wir mussten aktiv etwas dafür tun, um irgendwie am Leben teilnehmen zu können. Das aber war nicht nur bisweilen anstrengend, es war vor allem gesund: Der amerikanische Neurowissenschaftler John Cacioppo kommt zu dem wenig überraschenden Schluss, dass der Mensch als Angehöriger einer sozialen Spezies Bindungen schlichtweg zum Überleben benötige. Andernfalls drohten schwere gesundheitliche Schäden wie Bluthochdruck oder Übergewicht – und in letzter Konsequenz ein früherer Tod.

Nun könnte man argumentieren, dass es auch schon vor »Facebook« bedauernswerte Zeitgenossen gab, die mangels sozialer Kontakte erst dann von der Polizei in ihrer Wohnung aufgefunden wurden, wenn der Geruch im Treppenhaus für die anderen Mieter unerträglich wurde. Das ist sicher richtig. Das Blöde daran ist nur, dass die Online-Netzwerke eben fingieren, der Betreffende wäre gar nicht alleine. Gleichzeitig nehmen sie aber so viel Raum in Anspruch, dass es vielen Usern gar nicht mehr möglich ist, »normale« soziale Kontakte aufrechtzuerhalten. So ist die Zeit, die ein durchschnittlicher »Facebook«-Nutzer in seinem Account verbringt, auf inzwischen 1,8 Stunden am Tag gestiegen – bei 16- bis 24-Jährigen sind es sogar an die 3 Stunden täglich. Und zumindest diese Stunden fehlen natürlich irgendwo anders. Immerhin müssen die meisten ja auch noch zur Schule gehen oder arbeiten, einkaufen, kochen, den Haushalt machen oder die Kinder versorgen. »Facebook« rückt dadurch schon allein vom zeitlichen Aufwand her für viele an die Stelle der wichtigsten Freizeitbeschäftigung überhaupt. Aber stundenlang vor dem PC zu sitzen – kann das wirklich ein Hobby sein?

Psychologen betonen immer wieder, wie wichtig die unmittelbare Wahrnehmung von Stimme und Körperlichkeit von anderen für das persönliche Wohlbefinden ist. Die aber kann man regelrecht verlernen. Mit der fatalen Folge, dass bestimmte Arten der Kommunikation von manchen als beängstigend empfunden werden. Wer nur noch »Facebook«-Posts oder andere digitale Botschaften absendet, der traut sich also unter Umständen niemanden mehr anzurufen – sei es aus Angst vor einer negativen Reaktion oder einfach aus Scheu.

Doch wie fing dieses ganze Unheil eigentlich an? Wie konnten innerhalb kürzester Zeit Millionen Menschen quasi zu kommunikativen Geiseln einiger Internet-Plattformen werden? Das Verderben begann Mitte der Neunzigerjahre, als der Luftfahrtingenieur Randy Conrads sich wehmütig an seine unbeschwerte Studienzeit an der Oregon State University erinnerte. Nach dem Abschluss im Jahr 1972 hatte Conrads zwar eine beachtliche Karriere beim Flugzeugbauer Boeing gemacht – dabei aber den Kontakt zu den meisten seiner Kommilitonen von damals verloren. Das trieb ihn so sehr um, dass er seinen gut bezahlten Job kurzerhand hinschmiss – und eine Internet-Seite entwickelte, mit deren Hilfe er die Kumpels von einst wiederfinden wollte. Ihr Name: »classmates.com«.

Kaum war die Seite 1995 online, machte sie in den USA mächtig Furore. Conrads wurde in Talkshows eingeladen, große Zeitungen und Magazine berichteten über das originelle Konzept. Und natürlich meldeten sich dadurch auch ein paar der alten Uni-Freunde wieder. Aber nicht nur beim einstigen Campus-Liebling Randy schlugen längst vergessene Kameraden auf: Binnen weniger Jahre zählte »classmates.com« zu den wertvollsten Internetadressen der Vereinigten Staaten – und in Glanzzeiten 40 Millionen Mitglieder. Klar, dass da Nachahmer nicht lange auf sich warten ließen.

1997 startete der Dienst SixDegrees, der als das erste wirkliche soziale Netzwerk gilt. Der Begriff bedeutet, vereinfacht gesprochen, dass jede Person im Grunde genommen nur sechs Schritte von jeder anderen Person auf der Welt entfernt ist – weil jeder jemanden kennt, der jemanden kennt, der jemanden kennt und so weiter. Ob diese Schätzung wirklich stimmte, konnte nie wissenschaftlich belegt werden. Aber die Werbewirkung dieses einfachen Gedankens war genial. Zwar wurde SixDegrees 2001 wegen technischer Probleme wieder vom Netz genommen, die Idee jedoch ließ sich nicht mehr aufhalten: 2002 wurde LinkedIn gegründet, nicht einmal zwei Jahre später nahm sich, wie schon erwähnt, Mark Zuckerberg erst »Facemash« und dann »Facebook« an, und kurz danach öffnete auch OpenBC, der Vorläufer von Xing, seine elektronischen Pforten.

In den Anfangsjahren all dieser Anbieter begannen die Leute zunächst wirklich, online vor allem ihre alten Bekannten abzuklappern, von denen sie schon lange nichts mehr gehört hatten – so wie ich es bei Stefan tun wollte. Die Idee, durch die neuartigen technischen Möglichkeiten verschollene Freunde von einst wiederzufinden, hatte ja auch Charme. Bestimmt ist dadurch so manche nette und unerwartete Begegnung zustande gekommen – vielleicht mit dem alten Klassenkameraden, mit dem man immer heimlich im Pausenhof geraucht hat. Oder dem netten Geschichtsreferendar, der es nicht sanktionierte, dass man sich die Eckdaten der Schlacht von Trafalgar auf den Unterarm geschrieben hatte. Und die Feststellung, dass die einstige Schul-Schönheit, die einen auf der Klassenfahrt kühl verschmähte, heute zweimal geschieden ist und aussieht wie eine zerlaufene Käsesahnetorte, mag für manche von uns ein später Trost gewesen sein. Doch je intensiver die Menschen das neue Angebot nutzten, umso mehr verloren sie den Überblick.

Schnell wurde für manchen leidenschaftlichen Netzwerker die Account-Pflege wichtiger als die Bewahrung des echten Bekanntenkreises. Wer erst einmal intensiv angefangen hatte, »Facebook«-Kontakte zu akquirieren und neue »Freunde« hinzuzufügen, der konnte nicht einfach mittendrin damit aufhören. Der Gedanke, irgendwen vergessen zu haben, der für die eigene Freundesliste noch infrage kommen könnte, treibt viele Anwender wirklich um – obwohl sie der Mensch als solcher im Grunde genommen gar nicht interessierte.

Zwar rät das Unternehmen, Freundschaftsanfragen vorwiegend an diejenigen zu verschicken, »*mit denen du im echten Leben eine Verbindung hast, z. B. Freunde, Familienmitglieder, Arbeitskollegen oder Kommilitonen*«, wogegen wir unbekannten Personen oder Prominenten lediglich folgen sollen, ohne mit ihnen »befreundet« zu sein. Dass dieser Tipp jedoch an Scheinheiligkeit kaum zu überbieten ist, kann man schon allein daran sehen, dass der Konzern bereits im Jahr 2009 die zulässige Anzahl an »Freunden« von 1000 auf 5000 erhöht hat – eine selbst für kontaktfreudige Menschen völlig lebensfremde Zahl.

Wie vorhin bereits gesagt: Exakt 342 solche »Freunde« hat ein durchschnittliches »Facebook«-Mitglied heute. Da darunter ohnehin meistens auch die wenigen tatsächlichen Bekannten sind, fällt es zunächst möglicherweise auch gar nicht auf, wenn man diese nicht mehr so oft trifft wie früher. Dabei ist schon die ganze Begrifflichkeit eine dreiste Irreführung. Schließlich wäre eine derartig hohe Anzahl an ganz und gar ernsthaften »Freunden« wohl nicht einmal für pathologisch gesellige Frohnaturen realistisch. Deshalb sollte man schon mit dem bloßen Wort »Freund« wirklich vorsichtig sein: Gerade einmal vier bis fünf echte und enge Vertraute besitzen wir im wirklichen Leben, ergaben mehrere soziologische Langzeitbeobachtungen, die das soziale Umfeld Tausender Menschen über Jahrzehnte hinweg unter die Lupe nahmen. Und offenbar nimmt selbst diese bescheidene Zahl weiter ab: Laut aktuellen Statistiken haben Europäer noch gerade mal zu zwei anderen Personen über die eigene Familie hinaus intensiven persönlichen Kontakt.

Dagegen ist innerhalb der letzten Jahre innerhalb der sozialen Netzwerke geradewegs ein Wettbewerb darüber entbrannt, wer die meisten Leute in seinem Profil vorweisen kann. Alleine die stumpfsinnige Frage »Wie bekomme ich mehr ›Facebook‹-Freunde?« ergibt bei Google unglaubliche 650 000 Treffer! Darunter sind Tausende Empfehlungen, wie es möglich ist, sein Profil möglichst schnell aufzublasen. Die Ratschläge reichen von »Verfasse möglichst viele Einträge und stelle interessante Bilder und Videos online (bringt schnell Anerkennung)« über »Such Dir vor allem Freunde aus, die selber über 1000 Freunde haben« bis zu »Kauf Dir einfach welche«, was auch für Privatpersonen zum Beispiel bei eBay schon für kleines Geld tatsächlich möglich ist. Dabei standen schon in der realen Welt von früher jene Klemmbretter, die sich die Freundschaft der anderen durch eine Flasche Wodka und ein paar Dosen Red Bull erkaufen wollten, am Ende des Tages doch wieder allein in der Disco herum.

Nichtsdestotrotz verdienen manche heute allen Ernstes auf diese Weise ihr Geld: Erst waren es nur amerikanische Webseiten wie »Girlfriendhire«, die einsamen Nerds für umgerechnet 3,90 Euro im Monat eine falsche Freundin anboten, der man das allerdings auch auf den ersten Klick ansah. Heute sind die findigen Digitalzuhälter schon einen

Schritt weiter: Auf Portalen wie »fiverr.com« kann man für fünf Euro pro Woche seinen »Facebook«-Account um eine wohlproportionierte Dame erweitern, die dann – je nach Höhe der Bezahlung – Fotos und Liebesschwüre für alle anderen »Freunde« einsehbar postet. Bleibt das Geld aus, wird die Beziehung allerdings umgehend beendet. Das allerdings soll einigen Männern im echten Leben auch schon passiert sein.

Über diese immer weiter verbreitete, bizarre Ausprägung von Freundschaft hinaus können wir natürlich nicht nur selber die Benutzerkonten unserer Kontakte nach neuen »Freunden« durchstöbern oder Einladungen von Gott und der Welt annehmen. Eine der technisch versiertesten und zugleich geheimnisvollsten Funktionen von »Facebook« etwa ist es, den Nutzern selbstständig Vorschläge zu unterbreiten, wer eventuell als neuer »Freund« infrage kommen könnte. Auch das funktioniert natürlich nur anhand der irrwitzigen Datenmengen, die von uns Usern während unserer fortwährenden Aktivitäten aufgezeichnet, analysiert und schließlich still und heimlich abgespeichert werden. So können aufwendige Rechenprogramme tatsächlich Gemeinsamkeiten zwischen Personen aufspüren, von denen diese noch nicht einmal selber wissen.

Selbst ohne einen einzigen eigenen »Freund« ist es »Facebook« dank unserer schlichten Anmeldedaten wie Geburtsdatum, Wohnort und Mailadresse bereits möglich, individuelle Empfehlungen abzugeben. Der Konzern spielt diesen Vorgang jedoch herunter – und gibt in seinen Nutzungsbedingungen lediglich an, die Nutzerdaten zu verwenden, um ein »sicheres, effizientes und individuelles Nutzungserlebnis« zu bieten. Welches Erlebnis das genau sein soll, verraten die Macher selbstverständlich nicht. Das digitale Schneeballprinzip jedenfalls funktioniert. Der Weg zu Hunderten sogenannten »Freunden« ist frei. Ein schönes Beispiel, was einem die dann im Ernstfall bringen, ist das Schicksal der amerikanischen Schauspielerin Yvette Vickers. Das ehemalige Playmate machte in den Fünfzigerjahren mit Filmen wie *Mit dem Satan auf Du* oder *Der Angriff der 20-Meter-Frau* Karriere. Als sich die dann langsam dem Ende zuneigte, versuchte sich Miss Vickers nicht mehr ganz so erfolgreich als Sängerin. Irgendwann wurde die einst bildhübsche Blondine alt und gebrechlich und zog sich aus der Öffentlichkeit in ihr Haus in Benedict Canyon westlich von Los Angeles zurück. Weil die alten B-Produktionen aber in den Neunzigerjahren Kultstatus erlangten und plötzlich wieder von einer stattlichen cineastischen Fangemeinde verehrt wurden, bekam Yvette Vickers wieder Oberwasser.

Sie legte sich einen »Facebook«-Account zu, über den sie mit ihren Anhängern trotz der selbst gewählten Abgeschiedenheit regen Kontakt hielt. Allerdings war der virtuelle leider auch der einzige Draht zur Außenwelt: Am 27. April 2011 wurde ihre mumifizierte Leiche von einer Nachbarin entdeckt. Ein genauer Todeszeitpunkt ließ sich von den Gerichtsmedizinern da längst nicht mehr feststellen. Vermutlich war die ergraute Diva bereits seit einem Jahr tot. Auf dem Tisch stand ihr eingeschalteter Computer. Hunderte ihrer »Freunde« hatten in der Zwischenzeit Posts auf ihrer »Facebook«-Seite hinterlassen und sich zwischendurch auch untereinander gefragt, warum sie denn von ihr keine Antwort mehr bekommen. Aber wirklich gekümmert, was mit der alten Dame passiert sein könnte, hat sich keiner. Die Seite funktionierte ja noch.

In den USA wurde Vickers' tragischer Tod zum Symbol der Vereinsamung wegen – oder zumindest trotz – sozialer Netzwerke. Geändert hat sich seitdem allerdings kaum etwas. Im Gegenteil: Eine Studie zu diesem Thema ergab, dass sich mehr als 35 Prozent aller Menschen ab 45 Jahren heutzutage chronisch einsam fühlen, während es vor rund 15 Jahren lediglich 20 Prozent waren. »Wir ersetzen die Qualität der Freundschaft durch Quantität«, schlägt auch der Kulturkritiker William Deresiewicz in seinem Text »Faux Friendship« Alarm. »»Facebook‹ besteht nur aus schnellen, kleinen Botschaften zu meist trivialen Dingen. Für mehr gibt es keinen Platz.« Weil dieser Informationsaustausch auf lange Sicht eben sehr unbefriedigend sei, bekämen die Nutzer Gefühle der Einsamkeit und Abgeschiedenheit – trotz mehrerer Hundertschaften an sogenannten »Freunden«.

Dazu kommt erschwerend, dass einer Untersuchung des berühmten englischen Psychologen Robin Dunbar zufolge das menschliche Gehirn sowieso nur in der Lage ist, zu 148 anderen Personen eine soziale Beziehung zu unterhalten – diese exakte Summe ist die sogenannte »Dunbar-Zahl«. Sie ergibt sich aufgrund rein biologischer Berechnungen und Vergleichstests – und beschreibt, wie viele Namen oder typische, individuelle Eigenschaften von anderen wir uns merken können. Für mehr reicht der bescheidene Anteil des Neocortex an unserer Großhirnrinde schlicht nicht aus. Was also bringen uns beispielsweise die durchschnittlichen 342 »Facebook-Freunde«, wenn wissenschaftlich bewiesen ist, dass wir nur in der Lage sind, höchstens jeden Zweiten davon über den bloßen Namen hinaus zu identifizieren?

Ungeachtet dessen nimmt der »Freundes«-Neid innerhalb der Nutzer-Gemeinde immer gefährlichere Ausmaße an: Über 30 Prozent der »Facebook«-User fühlen sich einer Studie der TU Darmstadt zufolge während und nach der Benutzung der Seite trotz einiger Stunden des Informationsaustausches mit anderen hauptsächlich einsam, müde, traurig oder frustriert. Die am häufigsten genannte Ursache dafür: Die Befragten lasen einfach zu viele positive Nachrichten bei ihren »Freunden«! Klar – wer ständig nur Postings betrachten muss, wie toll das Leben doch ist, wird logischerweise leicht trübsinnig, wenn's bei einem selbst gerade nicht so rund läuft. Nur: Bei besagten 342 Kontakten im Schnitt ist eben immer gerade einer im Urlaub, hat eine Traumhochzeit hinter sich oder ist vor Kurzem befördert worden – zumal mehr als ein Viertel der gesamten »Facebook«-Aktivität in der ausschließlichen Betrachtung anderer Profile liegt.

Dazu kommt, dass wir unsere Selbstdarstellung sowieso vorwiegend mittels gehörig aufgebauschter und krampfhaft positiver Nachrichten vornehmen – und angesichts der Menge belangloser Neuigkeiten anderer, die auf uns selbst im Gegenzug tagtäglich einprasseln, schon aus organisatorischen Gründen nur noch eine oberflächliche Betrachtung möglich ist. Eine Spieleanfrage nach der anderen, die gesamten leeren Flaschen vom gestrigen Party-Abend, die scharfe Tänzerin im neuen Video von David Guetta, die lustige Fotomontage von Angela Merkel am FKK-Strand, ein Bild der neuen Winterstiefel – es wird dermaßen viel Nebensächliches gepostet, dass es kaum noch möglich ist, ernsthaft auf einzelne Themen seiner vielen »Freunde« einzugehen. Selbst wenn die dann ausnahmsweise interessant sein sollten!

Noch kritischer wird es für jene, die gar nicht erst genügend Kontakte zusammenbekommen! Fatalerweise ist nämlich der entsprechende Gruppendruck innerhalb der Communitys enorm: Wenn auf dem eigenen Profil nur läppische 30 »Freunde« verzeichnet sind, erzeugt dies angesichts der 450 Personen beim lässigen WG-Mitbewohner oder der eloquenten Arbeitskollegin nicht nur bei labilen Nutzern Minderwertigkeitskomplexe. Als eiserne »Facebook«-Faustregel unter eingefleischten Anwendern gilt: Wer keine 100 Freunde hat, ist mit an Sicherheit grenzender Wahrscheinlichkeit ein Einzelgänger, mit dem eigentlich niemand etwas zu tun haben möchte!

Doch woher soll man als vollkommen normaler junger Mensch so viele Leute nehmen, wenn man schon praktisch alle hinzugefügt hat, die man irgendwann mal in der Warteschlange vor dem Tanzklub traf? Zur Not werden dann eben auch Anfragen jener seltsamen Zeitgenossen akzeptiert, die man eigentlich nicht unbedingt an seinem Leben teilhaben lassen möchte. Klar, dass das oft verheerende Folgen haben kann, die später noch behandelt werden.

Anstatt aber angesichts all dessen die virtuelle Notbremse zu ziehen und wieder mehr am realen Leben teilzunehmen, scheuen sich viele von uns immer mehr, zu schreiben, zu telefonieren oder unter die Leute zu gehen. Stattdessen kommunizieren manche noch intensiver innerhalb ihrer Online-Community. Subjektiv haben diese Nutzer das Gefühl, bei allem dazuzugehören und bei allen anderen dabei zu sein. Objektiv aber sind zahlreiche Vertreter der Generation »Facebook«

in den vergangenen zehn Jahren zu pathologischen Stubenhockern geworden, deren einziger Lichtblick es ist, alle paar Tage eine neue Freundschaftsanfrage zu bekommen. Und wenn einem jemand nicht mehr passt, ist es ein Leichtes, ihn auf Knopfdruck zu löschen. Auch wenn man sich das für das echte Leben bisweilen ebenfalls wünschen würde – noch ist man hier gezwungen, sich auch mit unangenehmen Begegnungen auseinanderzusetzen. Eine Tatsache, die durchaus charakterbildend sein kann.

Irgendwann in vielleicht 60, 70 Jahren jedoch wird die letzte Generation gestorben sein, die auf analoge Art ihre sozialen Kontakte pflegen musste – oder noch weitgehend wollte, weil sie es so gewohnt war. Menschen, die vor und auch nach der Erfindung des Internets und der sozialen Netzwerke zu ihren Stammtischen gegangen sind oder auf Klassentreffen. Die sich verabredet haben zu Kaffeekränzchen und Mitglied waren in Sportvereinen. Dann werden nur noch Menschen unsere Gesellschaft bilden, die mit »Facebook«, Google+ oder Xing groß geworden sind – und die das schöne Wort »Freund« womöglich allein über die Größe der Kontaktliste ihres Benutzerkontos definieren. Die nicht mehr umarmt werden, sondern nur noch geliket. Es wird interessant sein, von oben zu beobachten, wie das funktionieren soll.

Vielleicht aber ist doch noch nicht alles verloren: Nach ein paar Tagen, die ich mich versuchte, in »Facebook« zu akklimatisieren, fasste ich mir ein Herz und schickte Stefan eine Freundschaftsanfrage – deswegen war ich schließlich hier. Er nahm sie ein paar Stunden später an, und wir tauschten in der Folge ein paar eilig eingetippte Nachrichten aus. Natürlich wollte ich zunächst vor allem wissen, wie es ihm ging, was ihn in die USA verschlagen hatte und ob er schon Kinder sein Eigen nannte. Und er fragte mich, was ich so machte, ob das Haus noch stand, das er und seine Eltern seinerzeit bewohnt hatten, und ob Frau Zahn noch lebte. Als ich gerade zur Antwort ansetzen wollte, unterbrochen durch mehrere neue Freundschaftsanfragen, die

sich der Algorithmus nun dank meiner Verbindung zu Stefan ausgerechnet hatte, bekam ich wieder eine Botschaft von ihm. Er schrieb:
»Lassen wir doch den Quatsch, Mann. Hier ist meine Telefonnummer. Ich würde mich freuen, Deine Stimme zu hören. Also ruf mich
einfach an!«
Und genau das tat ich dann auch.

Weil ein Käsebrot keinen Nachrichtenwert hat

Mit Stefan war ich also wieder zu jener Kommunikationsweise zurückgekehrt, die ich als Kind einst gelernt hatte: Wir sprachen einfach miteinander! Dank moderner Telefontechnik war dies selbst zwischen Amerika und Europa kein Problem mehr; es klang beinahe besser als damals, als er nur rund einen Kilometer Luftlinie von uns entfernt wohnte – und der Minutenpreis lag, dem hart umkämpften Wettbewerb auf diesem Geschäftsfeld sei Dank, bei schmalen 2,3 Cent. Wenig später entdeckten wir »Skype«, einen Dienst, der sogar kostenlose Videotelefonate ermöglichte, aber weil die Verbindung entweder bei ihm oder bei mir immer wieder abriss und ich keine Lust hatte, mich mit einem Wesen zu unterhalten, das sich auf dem Computerbildschirm so geschmeidig bewegte wie ein Roboter mit Kurzschluss, kehrten wir zur guten, alten Analog-Telefonie zurück. Zu Weihnachten und unseren Geburtstagen schrieben wir uns sogar echte Briefe, die wir zusammen mit ein paar ausgedruckten Fotos unserer Familien in ein Kuvert steckten und über die wir uns dann einige Tage später aufrichtig freuten. Ich war ein klein wenig stolz, einerseits so altmodisch zu sein – und andererseits so modern, den Kontakt zu einem Freund aufrechtzuerhalten, den die Globalisierung inzwischen irgendwo nach Iowa verschlagen hatte.

Die Telefonate und auch die Briefe hatten aber noch einen weiteren Vorteil: So regelmäßig sie auch waren, betrachteten wir sie beide dennoch jedes Mal als etwas Besonderes. Wir erzählten und schrieben uns ausschließlich jene Dinge, die wir für maßgeblich hielten und von denen wir glaubten, dass sie den jeweils anderen auch interessierten – die Schlafdauer der Kinder, den allerersten Familienurlaub, den Abriss unserer alten Grundschule oder die Resultate unseres gemeinsamen Lieblingsvereins: Über all dies tauschten wir uns miteinander aus und hatten dabei das Gefühl, dass uns dies einander wieder fast so nahe brachte wie früher, selbst wenn mittlerweile 7500 Kilometer Luftlinie zwischen uns lagen. Nie im Leben wären wir auf die Idee gekommen, vom morgendlichen Aufstehen zu fabulieren, uns über ein neu gekauftes Kleidungsstück auszulassen oder unser Mittagessen in den Mittelpunkt der Unterhaltung zu stellen.

Auf »Facebook« war das anders.

Das Digitalzeitalter erschuf nämlich, wie ich schnell feststellte, eine gefährliche Spezies, die mich in manchen Momenten, seit ich ebenfalls im sozialen Netzwerk Mitglied war, daran zweifeln ließ, ob der Mensch wirklich als die am höchsten stehende Lebensform angesehen werden konnte: die chronisch Mitteilungsbedürftigen. Zwar gab es seit der Entwicklung einer komplexen Form der Sprache vor ungefähr 80 000 Jahren immer schon Leute, die ihren Mitmenschen gerne ein Ohr abkauten: Fremde, die uns im Wartezimmer Gespräche über die Unberechenbarkeit des Wetters aufzwingen wollten. Verwandte, die auf Familienfesten ungefragt von ihren zahlreichen Krankheiten erzählten. Unbekannte, die uns maßregelten, weil wir in der Straßenbahn den Walkman zu laut aufgedreht hatten. Und Bekannte, die nach jedem Wochenende mit ihrem Alkoholkonsum protzten. Das Schöne daran war nur: Wir konnten uns umdrehen und all diese Typen einfach stehen lassen.

Die Erfindung der sozialen Netzwerke jedoch katapultierte die notorische Geschwätzigkeit direkt auf all unsere Computer und Smartphones. Auf diesen muss sich jeder »Facebook«-Nutzer nun mit einer unfassbaren Anzahl an Belanglosigkeiten herumplagen, die er ansonsten niemals erfahren hätte – und wohl niemals erfahren hätte wollen. Und so finde auch ich trotz meiner überschaubaren Anzahl an »Facebook-Freunden« tagtäglich dutzendweise Mitteilungen, deren Trivialität mich bisweilen sprachlos macht. Ich erfahre unaufgefordert, dass Anne versehentlich zu spät zur Arbeit gekommen ist. Ich muss zur Kenntnis nehmen, dass sich Julia neue Schuhe gekauft und Timm endlich seinen Balkon aufgeräumt hat. Mir wird anvertraut, dass Onkel Günthers Mittagessen aus einem Käsebrot bestand und Sven gerade eine Diät absolviert. Ich sehe Bilder von Hotelzimmern und Poollandschaften, von auf Liegestühlen schlafenden Unbekannten, von halb vollen Weingläsern, lustvoll drapierten Meeresfrüchten und romantischen Sonnenuntergängen. Leider interessiert mich das alles überhaupt nicht.

Selbst bei nur einigen Dutzend Kontakten kommen trotzdem täglich Unmengen an geisttötenden Informationen zusammen, die ich – wenn ich sie schon nicht einzeln lesen mag – zumindest irgendwie zur Kenntnis nehmen muss. Schließlich könnte sich ja irgendwo unter all den Fotos, Videos, Cartoons, Wortspielen und anderen bahnbrechenden Neuigkeiten wenigstens ein einzelner, halbwegs interessanter Post befinden. Zudem verschlingt selbst das Löschen dieses Unfugs jede Menge kostbare Zeit, wenn ich damit überhaupt noch hinterherkomme. Und so navigiere ich mich notgedrungen immer wieder aufs Neue durch elektronische Kettenbriefe, fragwürdige politische Meinungsäußerungen, aufgeregte Eilmeldungen, herzzerreißende Beileidsbekundungen, flammende Liebesbotschaften oder selbst gemachte Fotomontagen.

Dass ich in Echtzeit oder manchmal sogar noch ein wenig schneller von vielen meiner neuen »Facebook-Freunde« jede Kleinigkeit mitverfolgen kann, ist aber nicht nur ungemein nervtötend, sondern nicht weniger als eine gesellschaftliche Revolution: Gerade erst hatten wir den vernünftigen Individualismus als Befreiung vergangener kollektiver Zwänge gefeiert, da rudern wir schon wieder zurück und unterwerfen unser vollständiges Leben einerseits einer riesigen Öffentlichkeit – und andererseits einem totalitären technischen System. Beides zusammen ist so paradox wie unklug. Angesichts einiger Auswirkungen von »Facebook« und Co. auf unser Gemeinwesen möchte man manchmal sogar verwirrten Antipathen wie Kim Jong Un, Gurbanguly Berdimuhamedow oder Xi Jinping im Ansatz recht geben, in deren Staaten der »Like«-Daumen offiziell noch immer tabu ist: Eine gewisse moralisch und ethisch bedenkliche Wirkung von Social Media auf unsere grundsätzliche Lebensanschauung lässt sich wohl nicht ganz von der Hand weisen.

Und auch von mehr oder weniger namhaften Störenfrieden bleibt der durchschnittliche Nordkoreaner, Turkmene oder Chinese in aller Regel verschont. Bei uns hingegen haben sogenannte Promis aller Art endlich eine anspruchslose Plattform gefunden, auf der sie ihren Senf zu allem und jedem dazugeben können – ohne tagelang die geplagten Gesellschafts-Redakteure von *BILD*, *Bunte* oder *Gala* mit Bittgesuchen belästigen zu müssen. Im Idealfall sind die so kommunizierten Neuigkeiten den Zeitungen und Zeitschriften gar im Nachklang noch eine Schlagzeile wert – ganz egal, wie banal diese den Betreffenden auch erscheinen lassen mag. Diese Berichte sind nun immer öfter dort zu lesen, wo eigentlich die Meldungen über die wirklich wichtigen Geschehnisse dieser Welt stehen sollten. Doch »Facebook« spült immer wieder neue Profilneurotiker ans Tageslicht, die den Sinn ihres Daseins in der Produktion gepflegter Nebensächlichkeiten gefunden haben – denen man sich dank der medialen Kollateralschäden selbst dann nicht entziehen könnte, wenn man gar nicht dort registriert wäre.

Für viele Stars und Sternchen scheint es inzwischen eine pathologisch veranlagte Sucht zu sein, sich im Internet umfassend zu exponieren. Kaum zu glauben, dass es vor gar nicht allzu langer Zeit Persönlichkeiten wie Caroline von Monaco gab, die sich ihr Recht auf Privatsphäre vor dem Europäischen Gerichtshof für Menschenrechte erstritten – nur weil die blitzlichtscheue Prinzessin beim Spaziergang mit ihren Kindern abgelichtet worden war.

Heute hingegen fotografieren in dieser Hinsicht weniger zimperliche Zeitgenossen intimste Einblicke gleich selbst und stellen sie danach umgehend ins Netz. Frisch gestochene Tattoos, neue Frisuren, vermasselte Schönheitsoperationen oder das zu knapp geratene Strand-Outfit – auf diese oder ähnlich würdelose Weise stellt man sich via »Facebook« heute wie selbstverständlich zur Schau und schafft es dadurch zumindest auf irgendein Online-Portal. Durch diese Präsenz ist dann für die nächsten vier Wochen das Einkommen wieder einigermaßen gesichert. Eine florierende Branche von Social-Media-Agenturen macht derweil Millionen-Umsätze damit, dass selbst diejenigen durch virtuelle Penetranz ständig in der Presse landen, die ansonsten allenfalls einem Bruchteil der Bevölkerung aufgrund der Teilnahme an irgendeiner Castingshow bekannt wären. Logisch, dass die in Sachen Geschwätzigkeit ohnehin anfällige Gattung der Politiker auf diesen Zug gerne aufgesprungen ist: Über 90 Prozent der Bundestagsabgeordneten haben einer Bitkom-Erhebung zufolge einen eigenen »Facebook«-Account – obwohl nur gut jeder dritte Bundesbürger der virtuellen Präsenz der Volksvertreter überhaupt eine Bedeutung beimisst. Dass Angela Merkel, Sigmar Gabriel oder Anton Hofreiter ihre Botschaften auf diese Weise unters Wahlvolk zu bringen versuchen, ist aber immerhin plausibel.

Richtig peinlich wird es dann, wenn jeder noch so unbedeutende Kreisrat meint, das große Weltgeschehen aus seiner persönlichen Sicht kommentieren zu müssen. Was aber ein niederbayerischer, sachsen-anhaltinischer oder ostbrandenburgischer Provinzfürst zum britischen

EU-Referendum zu sagen hat, ist in aller Regel kaum die wenigen Bytes wert, die ein solcher Kommentar im Prozessor beansprucht. Solche Zitate hätten in Zeiten der guten, alten Presseerklärung nicht einmal den Weg vom Faxgerät zum Reporter-Schreibtisch geschafft. Dabei fanden Schweizer Forscher heraus, dass »Facebook«-Verweigerer nicht nur in der Politik beruflich deutlich größere Erfolgsaussichten besitzen als stete Netzwerk-Nutzer.

Als seien jedoch die Abermillionen alltäglichen Trivialitäten bei »Facebook« nicht schon schlimm genug, haben die Geltungssüchtlinge dieser Erde sogar eine zweite, beinahe noch effektivere Gelegenheit bekommen, ihre Mitmenschen mit Nichtigkeiten zu behelligen: »Twitter«! Der erst vor etwas über zehn Jahren ursprünglich nur als Projektstudie gegründete Kurznachrichtendienst, der uns außer Unmengen an Bagatellbescheiden auch das kuriose Kunstwort »Hashtag« beschert hat, verzeichnet aktuell knapp 310 Millionen aktive Nutzer pro Monat und erreicht somit über das Jahr gesehen fast vier Milliarden Menschen. Angesichts dieser beeindruckenden Zahl ist es nur folgerichtig, dass »Twitter« geradezu magnetisch auf all jene wirkt, die nach Anerkennung förmlich gieren. Mag ja sein, dass der virtuelle Telegrammzusteller auch seine guten Seiten hat – und binnen kürzester Zeit eine Menge Menschen mobilisieren kann. Was aber beispielsweise bei der kurzfristigen Helfersuche nach einer Flut oder ähnlichen Katastrophen ganz gut funktioniert, kann natürlich auch schnell ins Gegenteil umschlagen. Und so formieren sich auch gewalttätige Demonstranten, radikale Brunnenvergifter von rechts und links sowie sonstige Störenfriede unter dem harmlosen, blauen Vögelchen und sorgen dort für einen höchst gefährlichen Organisationsgrad, der analog nicht annähernd so effektiv wäre.

Vorwiegend aber setzen die allermeisten »Twitter«-Nutzer für ihre mal mehr, mal weniger große Schar an sogenannten Followern genauso unerhebliche Nachrichten ab wie unsere redseligen »Freunde« bei »Facebook«. Das Erstaunlichste ist dabei vor allem, welchen Unsinn man bisweilen auf gerade mal 140 Zeichen in einem dieser sogenannten »Tweets« verdichten kann. Nehmen wir nur mal Boris Becker: Ich war gerade elf, als er das erste Mal Wimbledon gewann, schlief fortan in BB-Bettwäsche und trug seine komplette Puma-Kollektion, obwohl ich gar kein Tennis spielte. Ohne Zweifel war Becker einer der größten deutschen Sportler aller Zeiten, und ich schaute ebenso respektvoll zu ihm auf wie ein unerfahrener Bergsteiger zum Gipfel des Matterhorns. Irgendwann nach dem Ende seiner eindrucksvollen Karriere jedoch muss bei Boris eine Überfunktion des Hypoglossus aufgetreten sein – mit der Folge, dass ihm das bloße Sprechen nicht mehr ausreichte. Und so versorgte er die ihm folgende Fan-Gemeinde fortan mit Informationen, die hart an der Lächerlichkeitsgrenze lagen – und gratulierte etwa Angela Merkel zum Friedensnobelpreis, den sie freilich nie erhalten hat.

Dass »Twitter« vor allem die seichten Informationsbedürfnisse bedient, zeigt schon alleine die nackte Statistik: Gemessen an Re-Tweets, also den Antworten auf einen einzelnen Eintrag, war das bewegendste Geschehen des vergangenen Jahres eine Nachricht von Harry Styles, seines Zeichens ehemaliger Sänger der britisch-irischen Boyband One Direction, dessen Botschaft »Ganz viel Liebe, so wie immer« ganze 780 000 Mal weiterverbreitet wurde. Die Tatsache, dass Popstar Katy Perry mit 87 Millionen Followern die Liste der erfolgreichsten »Twitter«-Accounts vor Teenie-Idol Justin Bieber (79 Millionen) und Sängerin Taylor Swift (75 Millionen) anführt, sollte dem dahinterliegenden Barack Obama und seinen mehr oder minder ernsthaft twitternden Kollegen zu denken geben. Die Rangliste lässt auf jeden Fall tief blicken, um welche inhaltlichen Schwerpunkte es den meisten Leuten, die sich bei »Twitter« angemeldet haben, wirklich geht.

Angesichts der Kürze der Nachricht und der Einfachheit der Bedienung ist bei »Twitter« die Verlockung sogar noch größer als bei »Facebook«, sich im Minutentakt wichtig und gleichzeitig lächerlich zu machen. So vertippen sich Politiker, Fußballprofis oder Schauspieler immer mal wieder um ihre Karrieren, indem sie sich allzu vorschnell und unbedacht zu Wort melden – und dann auf »Senden« drücken. Ungekrönter König der Fettnäpfchen dürfte nach wie vor der damalige New Yorker Abgeordnete Anthony Weiner sein, der vor einigen Jahren ein Foto seines Unterleibs eigentlich nur an seine Geliebte versenden wollte, versehentlich aber all seine 56 000 Follower damit beglückte. Weiner löschte die Nachricht natürlich umgehend, aber es war zu spät. Stefan und ich dagegen waren einfach nur froh, wieder Kontakt zueinander zu haben. Zugegebenermaßen verdankte ich es in seinem Fall durchaus den sozialen Netzwerken, dass ich überhaupt wieder von ihm erfuhr – in Iowa hätte ich meinen Schulkumpan sicherlich nicht vermutet. Was man aber daraus machte, oblag einem dann doch ausschließlich selbst. Und manche begnügten sich eben mit einer schier unerschöpflichen Kontaktliste, die sie Abend für Abend vom heimischen PC aus stundenlang abarbeiteten. Andere suchten ihr Heil darin, möglichst viele Details ihres Lebens kundzutun, in der Hoffnung auf Anerkennung, Bewunderung oder Respekt. Wir beide aber entschieden uns zu einem anderen Schritt – allen virtuellen Versuchungen und dem hohen Aufwand zum Trotz: Wir würden uns demnächst gegenseitig besuchen. Und uns einfach umarmen, wie sich das gehört, wenn man sich nach so vielen Jahren wiedersieht. Eine solche Umarmung unter alten Freunden – das haben »Facebook« und »Twitter« irgendwie noch nicht hinbekommen!

Weil sich ein blöder Spruch nicht mehr zurückholen lässt

Während ich mit Stefan, Alex oder Markus eigentlich nie gestritten habe, war das mit Basti eine Zeit lang anders gewesen: Zwischen uns flogen öfter die Fetzen, was meiner Mutter zufolge vorwiegend daran lag, dass er wie ich im Sternzeichen des Skorpion geboren wurde. Ich dagegen sah den Grund für unsere Differenzen vorwiegend darin, dass er ebenfalls Julia den Hof machte. Die Konstellation war ein bisschen schwierig, mal wollte ich mit ihr zusammen sein, dann wieder nicht. Umgekehrt verhielt sich dies eigentlich genauso, und weil sich diese Gemütszustände in dem Alter, in dem wir damals waren, relativ schnell ändern konnten, kamen sich Basti und ich eben immer wieder mal in die Quere. An sich war das nicht dramatisch, wir schlugen und vertrugen uns, und unsere Freundschaft an sich sollte auf jeden Fall beständiger sein als eine Jugendliebe, von der wir beide ahnten, wie vergänglich sie sein würde. Allerdings beging ich einen Fehler, den ich um ein Haar nicht mehr gutmachen konnte: Ich stellte ihn vor Julia bloß.

Es war ein winziger Moment der Gedankenlosigkeit, der aus blinder Eifersucht und gekränktem Stolz entstand. Ich hatte das Kapitel Julia eigentlich bereits abgeschlossen und war mir sicher, dass es dieses Mal endgültig war – und der verliebte Basti war eben zur Stelle. Es war nicht einmal ein Vertrauensbruch, den ich ihm vorwerfen konnte, denn er hatte mir diesbezüglich alles erzählt und mit offenen Karten gespielt. Und trotzdem marschierte ich zu meiner Exfreundin, kleinmütig und missgünstig wie ich war, und ich berichtete ihr schlimme Dinge von Basti, die sie dazu bewogen, ihm nie wieder begegnen zu wollen. Nur, dass diese Dinge allesamt nicht stimmten.

Auf »Facebook« und »Twitter« funktioniert das ganz ähnlich, man kann dort einfach irgendwelche Tatsachen behaupten, die sich in Windeseile verbreiten, selbst wenn sich diese Tatsachen im Nachhinein als grundfalsch herausstellen. Die meisten Nutzer sind solchen Attacken schutzlos ausgeliefert, und nach Angaben des Meinungsforschungsinstituts Forsa leiden mittlerweile 36 Prozent aller Jugendlichen unter sogenanntem »CyberMobbing« – also der Diffamierung in sozialen Netzwerken und Chatrooms. Bei weiteren elf Prozent der befragten Teenager kam es sogar zum Missbrauch ihrer gesamten Online-Identität. Die Folgen für viele Betroffenen sind verheerend.

Wie bei allen anderen Informationen, sei es nun Günthers Käsebrot oder Mister Weiners Gemächt, gilt natürlich auch und erst recht bei Diskriminierungen aller Art: Was im Netz erst mal drin ist, das bleibt auch drin. Anders als bei unserer persönlichen Merkfähigkeit ist das digitale Erinnerungsvermögen unerschöpflich. Selbst wenn man einzelne »Twitter«-Tweets wieder löscht oder seinen kompletten »Facebook«-Account deaktiviert, bleiben jene Dinge bestehen, die man irgendwann einmal hastig hinausposaunte; zumindest, wenn sie von anderen Menschen geteilt wurden. Und eine wie auch immer geartete soziale Kontrolle gibt's im Internet erst recht nicht: Es fehlt schlichtweg die direkte Konfrontation zwischen Opfer und Täter. Letztere benötigen außer einem Computer und ein bisschen krimineller Energie ja auch nichts weiter, um eine persönliche Katastrophe für einen anderen Menschen auszulösen.

Das Landeskriminalamt Hessen ermittelte unlängst wegen einer besonders böswilligen »Facebook«-Seite, auf der ein paar halbstarke Jugendliche dazu aufriefen, freizügige Fotos vom jeweiligen Expartner hochzuladen und identifizierbar zu machen. Binnen weniger Tage hatte die Seite bereits 9000 Likes und zeigte Hunderte Bilder von ganz oder zumindest teilweise nackten jungen Frauen sowie zahllose geistlose Kommentare. Die Staatsanwaltschaft ließ die Seite zwar schnell wieder abschalten, die Urheber jedoch konnten nicht ausfindig gemacht werden. Und selbst wenn – dann kommen demnächst eben ein paar andere Baumschüler mit ähnlichen Schweinereien um die Ecke. Zu verlockend und zu simpel ist die Möglichkeit, missliebigen Mitmenschen auf diese Weise eins auszuwischen.

Ein besonders schlimmes Beispiel, was ein solcher Online-Terror anrichten kann, ist das Schicksal von Amanda Todd, das vor einigen Jahren weltweit für Bestürzung sorgte. Das dunkelhaarige Mädchen aus Kanada war ein fröhliches und unbeschwertes Kind, bis es mit zwölf Jahren einen verhängnisvollen Fehler beging: Angestachelt durch die Kommentare eines anonymen Nutzers in einem Chat stellte sie ein kurzes Video ins Internet, das sie einen winzigen Moment oben ohne zeigte. Von da an brach die Hölle über Amanda herein: Der Unbekannte hatte das Filmchen gespeichert und erpresste sie, alles zu veröffentlichen, wenn sie ihm nicht weitere freizügige Aufnahmen zukommen lassen würde. Amanda lehnte ab, das Ganze landete im Internet – und damit natürlich auch umgehend auf den Smartphones und in den Mail-Postfächern ihrer Mitschüler. Um den Schmähungen zu entgehen, wechselte die Familie nach einiger Zeit den Wohnort, doch das verfluchte Video verfolgte das Mädchen weiter: Kurz nach dem Umzug tauchte ein gefälschtes »Facebook«-Profil auf, das ebenfalls die ominösen Bilder enthielt. Wieder kam es zu Spott und Beleidigungen. Die Folgen für Amanda Todd waren massive Schlaf- und Essstörungen sowie ein Suizidversuch. Als sie 15 war und dem Druck endgültig nicht mehr standhalten konnte, schrieb sie ihre Erlebnisse auf kleine Zettel. Sie nahm einen achtminütigen Clip auf, den sie auf »YouTube« einstellte und der anhand der Zettel ihre tragische Geschichte erzählte. Dann brachte sie sich um.

Bis heute haben knapp 30 Millionen Menschen den Film der verzweifelten Amanda gesehen. Trotzdem fallen immer mehr Kinder und Teenager virtuellen Attacken zum Opfer – vergleicht man ähnliche Untersuchungen von 2009 und heute, haben sich die Fallzahlen in diesem Zeitraum mehr als verdreifacht! Es geht ja auch so herrlich einfach: Das Foto der zurückhaltenden, im Skilager aber ein einziges Mal sturzbetrunkenen Lisa ist bei »Facebook«, »Twitter« oder Instagram in zehn Sekunden hochgeladen. Die Behauptung, der 15-jährige, stille Paul sei außerhalb der Schule ein stadtbekannter Stricher, verbreitet sich per Instant-Messenger binnen weniger Minuten. Den Kommentar unter dem Porträt des verheirateten Geschichtslehrers, dieser habe ein Verhältnis mit einer neuen Kollegin, teilt umgehend die gesamte Oberstufe. Und so erfährt später vielleicht der Personalchef der Versicherung, bei dem sich Lisa nach dem Abi bewirbt, dass sie sich mal über den Pyjama gekotzt hat, und schickt ihr deshalb die Unterlagen wieder zurück. Paul dagegen kriegt im Fußballverein ständig Prügel, seit die Sportkameraden glauben, er sei schwul. Und die Gattin des Lehrers reicht die Scheidung ein, weil sie das Misstrauen gegenüber ihrem Ehemann trotz seiner Beteuerungen nie mehr loswurde. Egal, ob Wahrheit, Gerücht oder haltlose Lüge – ein einziger unbedachter oder böswilliger Klick kann heutzutage die Existenz eines anderen zerstören.

Dafür haben all die gehemmten Feiglinge endlich ein Forum, in dem sie ihre Minderwertigkeitsgefühle und Machtfantasien kompensieren können – indem sie sich über jene auslassen, bei denen sie abgeblitzt oder auf die sie neidisch sind. Zumindest in dieser Hinsicht könnte man vom ansonsten eher weniger als gesellschaftliches Vorbild geeigneten Tyrannenstaat Simbabwe lernen: Weil dort ein 17-Jähriger eine Mitschülerin auf »Facebook« als Prostituierte beleidigte, wurde das Lästermaul zu zwei Stockhieben verurteilt. Wenn der vorlaute Bub wieder sitzen kann, wird er es sich vermutlich zweimal überlegen, ob er noch mal jemanden online demütigen möchte. Doch solche Sanktionen sind hier natürlich undenkbar, weshalb die Täter – wenn man sie denn erwischt – zumeist mit Bagatellstrafen davonkommen. Zwar gelten grundsätzlich dieselben Paragrafen wie im echten Leben – Beleidigung, üble Nachrede oder Bedrohung zum Beispiel, die Gerichte stellen die wenigen in Wirklichkeit vorkommenden Verfahren jedoch oftmals gegen eine Geldbuße ein.

So wächst nun eine Generation nach der anderen heran, die in weiten Teilen schon im Jugendalter mehr mentalen Druck verarbeiten muss als die meisten Erwachsenen in ihrem ganzen Leben. Viele von ihnen könnten eines Tages als emotionale Wracks enden – oder selbst zum Täter werden: In den Niederlanden machte Ende 2012 ein Verbrechen Schlagzeilen, das als »Facebook-Mord« in die europäische Rechtsgeschichte einging. Weil sie von einer Gleichaltrigen über Wochen hinweg mit herablassenden Einträgen im Netzwerk beleidigt wurde, fasste die 16-jährige Polly W. den Entschluss, die Verfasserin für deren Internet-Mobbing bezahlen zu lassen. Also engagierte sie einen Killer, den sie – konsequenterweise ebenfalls via »Facebook« – über die Tat instruierte. Der Auftragsmörder tat wie ihm geheißen und erstach das Mädchen. Anders als in solchen Fällen üblich, ließ die holländische Justiz die Öffentlichkeit in dem Verfahren zu – wegen der besonderen Rolle der sozialen Medien, wie der Richter begründete.

In Köln endete ein ähnlicher Streit zwischen zwei »Facebook-Freunden« zumindest »nur« mit einer lebensgefährlichen Verletzung. Hier hatte ein 28-Jähriger nach wochenlangen Online-Demütigungen seinem zwei Jahre älteren Kontrahenten ein Küchenmesser in den Hals gerammt, um sich für die fiesen Posts zu rächen.

Selten lebensgefährlich, aber dennoch für die Betroffenen zumindest höchst unerfreulich und womöglich existenzbedrohend ist ein relativ neuartiges Phänomen, das den unappetitlichen Namen »Shitstorm« trägt und dessen Folge die massenhafte Entrüstung über jeden ist, der es wagt, sich mit der Netzgemeinde anzulegen – selbst wenn derjenige das überhaupt nicht bezweckte. Obwohl schon 1962 in Ken Keseys berühmtem Roman *Einer flog über das Kuckucksnest* verwendet, ist diese Begrifflichkeit erst in den vergangenen paar Jahren in unseren Breiten richtig bekannt geworden und schaffte es 2011 zum Titel »Anglizismus des Jahres«. Seitdem sehen sich zahlreiche Personen und Unternehmen mit dem digitalen Fäkal-Unwetter konfrontiert – und wussten danach manchmal auch im echten Leben nicht mehr, wie sie den ganzen Mist wieder loswerden sollten.

Als eine der ersten Institutionen machte die Deutsche Bahn mit der virtuellen Wut-Welle Bekanntschaft: Das Unternehmen bot im Jahr 2010 exklusiv im Internet ein sogenanntes »Chefticket« an, mit dem man für 25 Euro quer durch Deutschland fahren konnte. Ziel der PR-Aktion war, den gerade runderneuerten »Facebook«-Auftritt zu bewerben. Blöd nur, dass dieser zu jener Zeit vorwiegend von Gegnern des umstrittenen Großprojekts »Stuttgart 21« blockiert wurde. Die Online-Manager der Bahn kapitulierten schnell vor der Flut der bösartigen Kommentare und machten das Ganze damit nur noch schlimmer. Das »Chefticket« ging zwischen den empörten S21-Postings Zigtausender Nutzer vollkommen unter und wurde ein totaler Flop.

Kaum besser erging es kurz darauf dem Mobilfunkanbieter Vodafone: Eine Kundin hatte sich auf der »Facebook«-Seite in deutlichen Worten über den gleichgültigen Umgang mit ihrer Beschwerde geärgert. Bevor Vodafone überhaupt auf die Beschwerde reagieren konnte, kommentierten über 15 000 Menschen den Beitrag, 150 000 weitere klickten den »Gefällt mir«-Button – und aus einer einzelnen Reklamation war eine für den Konzern höchst unangenehme Massenbewegung geworden.

Geradezu absurd dagegen war der Shitstorm gegen das Kreditinstitut ING-DiBa, dem in den sozialen Netzwerken nicht etwa vorgeworfen wurde, hilflose Sparer um ihre mühsam verdiente Altersvorsorge zu bringen oder mit den Mehreinnahmen aus der Dispo-Zins-Erhöhung überhöhte Boni für ihre Manager zu finanzieren. Den Kritikern missfiel schlichtweg, dass die Bank den Basketball-Hünen und langjährigen Firmen-Werbeträger Dirk Nowitzki in einem Fernsehspot eine Scheibe Aufschnitt verspeisen ließ. Alle Vegetarier und Veganer, die sich schon immer mal zu Wort melden wollten, taten dies umgehend auf der »Facebook«-Seite der DiBa und fluteten deren Pinnwand mit hasserfüllten Postings. Das paralysierte Unternehmen konnte nichts weiter tun, als einen hilflosen Hinweis auf mehr gegenseitigen Respekt online zu stellen und zu hoffen, dass der Quatsch irgendwann ein Ende hatte – was erst ein paar Wochen später der Fall war.

Unsere Bahn, ein Mobilfunk-Gigant sowie eine europaweit tätige Bank mögen einen solchen Sturm der Entrüstung ökonomisch verhältnismäßig unbeschadet überstehen. Für einen Mittelständler, der sich in den Augen der selbst ernannten Sittenwächter auf irgendeine Art und Weise in die Nesseln setzt, kann die massenhafte Schmähung jedoch schnell mit der Firmenpleite enden, weil sich die Negativ-Berichterstattung mitsamt ihrer Wucht schlichtweg nicht mehr einfangen lässt. Doch auch immer mehr Einzelpersonen müssen sich mit Abertausenden primitivsten Bemerkungen auseinandersetzen – wie zuletzt die ZDF-Moderatorin Susanne Neumann, nur weil sie im Auftrag ihres Senders als Frau ein Spiel bei der Fußballeuropameisterschaft 2016 in Frankreich kommentiert hatte. Weniger sexistisch, aber genauso niveaulos bekam das sechs Jahre zuvor schon Neumanns politisch völlig unverdächtige Kollegin Katrin Müller-Hohenstein zu spüren, der bei der WM 2010 angesichts eines Tores des zuvor heftig kritisierten Miroslav Klose die Bemerkung herausrutschte, für den sensiblen Stürmer sei der Treffer bestimmt ein innerer Reichsparteitag gewesen. Die Folge waren eine wütende »Twitter«-Debatte sowie mehrere »Facebook«-Gruppen, welche die Ablösung Müller-Hohensteins forderten.

Auch FDP-Politiker Rainer Brüderle wusste eines Tages nicht mehr, wie ihm geschah: Der leutselige frühere Wirtschaftsminister hatte spätabends an einer Hotelbar eine Journalistin umgarnt. Diese rächte sich nicht, wie es eher angebracht gewesen wäre, mit einer deutlichen Zurechtweisung, sondern mit einem einige Monate später erschienenen Bericht, in dem sie Brüderle als lebenden Herrenwitz titulierte. Die Folge des Artikels war eine durch den »Twitter«-Beitrag »#Aufschrei« ausgelöste, wochenlange Debatte über Sexismus in Deutschland. Die Diskussion nahm eine derartige Wucht an, dass man glauben konnte, Euro-Krise, Bildungsnotstand oder Kinderarmut seien ein Fliegenschiss gegen den Umstand, dass der ein oder andere unerzogene Flegel einer Frau auf die Brüste starrt. Die österreichische Interpretin Christina Stürmer dagegen posierte während ihrer Schwangerschaft nichtsahnend für ein »Facebook«-Foto mit einem Weinglas, was zu zahllosen unflätigen Beleidigungen hinsichtlich der Verantwortungslosigkeit der werdenden Mutter führte. Dass sich im Glas nur Traubensaft befand, war den Schmähern entweder nicht bewusst oder egal.

Auch wenn diese Vorgänge glücklicherweise allesamt keine schwerwiegenden Folgen für die betroffenen Firmen und Personen hatten, sind sie dennoch höchst bedenklich. Denn erneut gilt, nicht jeder steckt einen solch heftigen Aufruhr gleichermaßen gelassen weg wie ZDF-Journalistinnen, ein Medienstar oder ein politisches Urgestein. Und natürlich lassen sich derartige Klagestürme inzwischen auch professionell konstruieren – und zum Beispiel als probates Mittel zur Rufschädigung einsetzen, die heftige finanzielle Folgen haben kann.

Heutzutage haben dank des Internets sogenannte Trolle, Hater, Saboteure und Provokateure – auf gut Deutsch also sämtliche Armleuchter des Landes – ebenso eine wirkungsvolle Plattform wie jene Vertreter von Minderheitenmeinungen, denen bislang niemand zugehört hatte, als sie noch auf einem Papierkorb im örtlichen Park standen und ihre kruden

Thesen ins Nichts brüllten. Viele Menschen, die nicht einmal dazu den Mut hatten, suchen sich inzwischen auf dem Weg aus ihrer Bedeutungslosigkeit ein Themenfeld, das sich besonders dazu eignet, lebensbejahenden oder einfach vorurteilsfreien Mitmenschen den Tag zu versauen. Nehmen wir nur mal den gewöhnlichen Blogger: Dieser Typus Mensch, den es so überhaupt erst seit Anfang dieses Jahrtausends gibt, setzt sich oftmals aus neunmalklugen Querulanten, zudringlichen Quälgeistern oder einer Kombination aus beiden Eigenschaften zusammen. Nach Angaben des Marktforschungsinstituts Allensbach betreibt bereits jeder elfte deutsche Internetnutzer einen Blog, weltweit sollen es schon über 170 Millionen sein. Das bedeutet natürlich auch, dass 170 Millionen Mal beinahe täglich aufs Neue die ungefilterte Meinung eines einzelnen thematischen Trittbrettfahrers ins Netz geschossen wird – egal, wie unsachlich und unsinnig sie auch sein mag.

Unter diesen Unmengen an öffentlichen Tagebuchschreibern müssen wir zwei Arten unterscheiden: Die meisten von ihnen, etwa drei Viertel, zählen zu der etwas harmloseren Variante der »Personal Blogger«, machen sich also vorwiegend mit eigenen Erfahrungen und Ansichten wichtig – wobei zu beachten ist, dass sich darunter fast 70 Prozent Frauen befinden. Die Folge dieser einseitigen Geschlechterverteilung ist, dass sich praktisch jede zweite Chefsekretärin heute für die Inkarnation von Anna Wintour hält und einen eigenen Modeblog befüllt, Diättipps erteilt oder Salatrezepte vorstellt. Unter den wenigen Männern dieser Blogger-Kategorie tummeln sich derweil unterbeschäftigte Schrebergärtner, die sich dank eines billigen Baumarkt-Barometers bemüßigt fühlen, Wetterbeobachtungen anzustellen. Oder übergewichtige Hobbykicker, die sich trotz des Konsums von sechs Flaschen Pils am Tag für den einzig wahren Bundestrainer halten. Oder passionierte Heimwerker, die uns ernsthaft erzählen wollen, wie man aus zwei Obstkisten eine Garten-Sitzecke basteln kann.

Gefährlicher als diese weitgehend wirkungslosen Banalitäten-Übermittler, deren Seiten meist nur wenige Hundert Leser haben, ist dagegen die Gruppe der »Non-Personal-Blogger«. Die sind inzwischen oft sogar professionell tätig und haben eine stattliche Anzahl renitenter Weltverbesserer in ihren Reihen, deren Einfluss schon mal einen gestandenen Minister das Amt kosten kann, wie die Affären um die erschlichenen Doktortitel in Deutschland bewiesen. Nun braucht man sich gar nicht mal mit den aufgeflogenen Plagiatoren Karl-Theodor zu Guttenberg oder Annette Schavan zu solidarisieren. Dass aber irgendwelche verbissenen Rechthaber über Wochen oder Monate hinweg Nacht für Nacht teilweise jahrzehntealte wissenschaftliche Arbeiten sezieren, erscheint ebenso unsympathisch wie unlocker. Da gäbe es doch weitaus Wichtigeres, um das sich diese Meinungsmacher zuerst hätten kümmern können.

Auch in solchen Fällen nimmt die öffentliche Diskussion bisweilen eine derartig heftige Eigendynamik an, dass die Ausmaße dem Anlass nun wirklich nicht mehr angemessen sind. Natürlich war zum Beispiel der oberfränkische Polit-Baron vielleicht stets eine Spur zu blasiert in seiner Gesamtinszenierung. Trotzdem hat der Mann nicht etwa lebende Kinder verspeist, wie man auf dem Höhepunkt der Auseinandersetzung den Eindruck hätte haben können. Egal, ob Shitstorm oder »Guttenplag«: Die so sonderbare wie verlässliche Heftigkeit jener Debatten ähnelt der Chaostheorie, wonach jeder Flügelschlag eines Schmetterlings einen Orkan auslösen kann.

Und so können wir auch weiterhin davon ausgehen, dass bei jedem noch so harmlosen verbalen Ausrutscher, dem kleinsten Verdacht auf unmenschliche Arbeitsbedingungen in asiatischen Textilfabriken oder Verwendung vorhandener Dissertations-Passagen ein verbitterter Online-Ingrimm auf öffentliche Personen, Unternehmen oder Politiker losbricht, als stünde der Untergang des Abendlandes oder zumindest das Ende der zivilisierten Gesellschaft unmittelbar bevor.

Wenigstens müssen sich die mal mehr, mal weniger bedauernswerten Opfer eines Shitstorms nicht um die Beseitigung physischer Schäden kümmern. Das bleibt denjenigen vorbehalten, die eigentlich nur ein paar Freunde online zu einer launigen Grillfeier einladen wollten – und plötzlich einer unkontrollierbaren Menschenmenge und später einem Dutzend Polizeibeamten gegenüberstanden. Okay, ich war in meiner Teenagerzeit auch nicht überall ausdrücklich willkommen, wo ich am Wochenende mit Alex, Markus und Basti im Schlepptau auftauchte. Aber außer dem einen Mal, als wir vier nach eineinhalb lauwarmen Flaschen Martini Bianco nacheinander die Gästetoilette bei Julias Eltern, nun ja, verunstalteten, habe ich mich anderswo immer einigermaßen anständig benommen.

Es war im Juni 2011, als in unseren Medien das erste Mal die Rede von einer außer Kontrolle geratenen privaten sogenannten »Facebook-Party« war. Die 16-jährige Thessa aus dem Hamburger Stadtteil Bramfeld schrieb auf ihrer Seite lediglich, am Wochenende eine kleine Geburtstagsfeier zu veranstalten. Wer kommen wollte, sollte ihr Bescheid sagen – was dann knapp 15 000 Nutzer auch taten. Schlussendlich drängten sich zwischen Geranienbeeten und Petunienhecken mehr als 1600 ungebetene Gäste, die sich aus Langeweile, Neugier, Spaß, Voyeurismus oder einer Mischung aus all dem in der beschaulichen Reihenhaussiedlung ordentlich einen hinter die Binde kippten.

Aber auch mit ein paar Besuchern weniger kann eine als kleiner Umtrunk geplante Teenie-Fete schnell zum Festival für Vandalen werden: Im bayerischen Waakirchen richteten knapp 150 Jugendliche derart heftige Verwüstungen im Haus einer dreiköpfigen Familie an, dass selbst die örtliche Polizei staunte. Nicht nur, dass den Eltern und der 16-jährigen Gastgeberin Mobiliar und Wertgegenstände für 5000 Euro geklaut wurden, herausgerissene Türstöcke, zertrümmerte Stühle und Tische sowie ein paar mit Farbe verschmierte Wände schlugen mit 50 000 Euro außerdem zu Buche.

Beide Mädchen hatten den Fehler begangen, ihre Partys öffentlich zu annoncieren. Ein Spaßvogel aus Schleswig indes startete nach der Trennung von seiner Freundin auf »Facebook« einen Aufruf, ihm auf Sylt über den Seelenschmerz hinwegzuhelfen. 13 000 Menschen stürmten daraufhin die Insel. Ein paar Stunden, 30 Sachbeschädigungen und 14 Festnahmen später hatte der Organisator dann Schulden in Höhe von 20 000 Euro. So viel forderte die Gemeinde von ihm für die Kosten des etwas außer Kontrolle geratenen bunten Netzwerk-Abends. Und in Magdeburg zahlt derweil ein ähnlich weitsichtiger Witzbold die nächsten Jahre das Zehnfache ab, weil nach der amtlichen Absage seiner angekündigten Riesensause Hunderte Jugendliche marodierend durch die City zogen.

Basti und ich dagegen vertrugen uns wieder, auch wenn es etwas gedauert hat, bis er mir verzeihen konnte. Aber ich war zumindest in der Lage, nach einiger Zeit der Last meines Gewissens nachzugeben und ihm zu gestehen, welchen Blödsinn ich Julia über ihn erzählt hatte. Und auch ihr beichtete ich die Wahrheit. Beide waren natürlich zu Recht ziemlich sauer auf mich. Aber dadurch, dass es möglich war, meine Lügen vollumfänglich zurückzunehmen, konnte diese Geschichte doch noch gut ausgehen. Und das tat sie dann auch: Basti und Julia kamen zusammen und heirateten ein paar Jahre später. Ihre Hochzeitsfeier war eine der schönsten Partys meines Lebens.

Weil jedes Urlaubsfoto brandgefährlich werden kann

Ein Dia-Abend bei Opa Herbert und Oma Anni war jedes Mal für alle Gäste eine fürchterliche Qual. Nicht wegen der fettigen Häppchen oder der bunten Bowle, die zu den auf die heimische Wohnzimmerwand projizierten Erinnerungen aus drei Wochen Campingurlaub in Cesenatico gereicht wurden, sondern weil die Bilder für alle Unbeteiligten, also im Grunde genommen alle Anwesenden außer Herbert und Anni selbst, schlichtweg stinklangweilig waren. Schlimmer noch: Nach dem fünfzigsten Ferienfoto eines übergewichtigen Mannes in Badehose hätte ich am liebsten einen sofortigen Neustart meines Kurzzeitgedächtnisses durchgeführt. Einen kleinen Vorteil aber hatte diese aus Gründen des familiären Friedens unvermeidliche Pein: Nach knapp drei Stunden hatte man sie überstanden – und dann wieder für ein Jahr Ruhe!
Heute haben wir diese Ruhe leider nicht mehr: Durchschnittlich 217 Bilder hat jeder Teilnehmer auf seinem »Facebook«-Profil online ge-

stellt. Auf weiteren gut 100 ist derjenige selbst dann noch verlinkt – Tendenz steigend! Wissenschaftler der Uni Hannover fanden heraus, dass auf diese Weise schon bei rund 200 »Facebook-Freunden« locker 20 000 Fotos zusammenkommen, die von allen Kontakten eines einzelnen Nutzers zusammen hochgeladen wurden. Die Kontrolle darüber zu behalten, worauf man selbst zu sehen ist, dürfte sich da ziemlich schwierig gestalten: Wie oft man persönlich bereits irgendwo zu identifizieren ist, kann man schlichtweg nicht mehr rekonstruieren – es sei denn, man klickt sich tagelang durch die Galerien der anderen. Aber dass selbst ich mit all meinen Vorsichtsmaßnahmen auf keinem einzigen Schnappschuss, der mir nicht passt, durchs Netz geistere, dürfte in etwa so wahrscheinlich sein wie die Wiedereinführung des Diskettenlaufwerks.

Über 1,75 Milliarden Bilder werden inzwischen von den Nutzern insgesamt jede Woche im größten aller sozialen Netzwerke hochgeladen; insgesamt waren es seit der Gründung des Unternehmens geschätzt knapp 300 Milliarden. Was so abstrakt klingt, bedeutet rein statistisch, dass jeder Erdbewohner auf mehr als 42 »Facebook«-Fotos zu sehen ist. Dass hierbei alle Facetten des menschlichen Daseins zu finden sind, versteht sich angesichts dieser schier unglaublichen Datenmenge von selbst. Die entsprechende Funktion eingestellt, kann man sich, der Pinnwand sei Dank, an PC, Tablet oder Smartphone beinahe im Minutentakt an visuellen Neuigkeiten erfreuen, die man ohne »Facebook« niemals mitbekommen hätte. Doch wer sich gerade am Strand von El Arenal befindet und seinen Kopf euphorisch in einen Eimer Sangria tunkt, möchte diese südländische Lebensfreude heutzutage vermutlich genauso mit seinen lieb gewonnenen 600 Kontakten teilen wie ein anderer, dessen Lieblingstasse soeben am Küchenboden zerschellt ist, sein unermessliches Leid.

Dabei unterscheidet sich der Dia-Abend vom Grundsatz her gar nicht vom allgegenwärtigen Foto-Posting-Wahnsinn, dessen reine Kenntnisnahme den Netzwerk-Nutzer bereits eine Stunde Zeit am Tag kostet: Die Ursache für beide Aktivitäten liegt schlicht in unserem allzu menschlichen Mitteilungsdrang begründet. Diese sehr unschöne, aber weitverbreitete Eigenschaft lässt uns allenfalls subjektiv spannende Dinge erzählen, die rein objektiv besehen für Dritte jedoch vollkommen irrelevant sind. Nun hat es solche Menschen zweifelsohne schon immer gegeben. Das Fürchterliche am Selbstdarsteller 2.0 ist nur, dass das Hochladen eines Fotos samt der dazugehörigen Info für ein paar Hundert Kontakte leider sehr viel schneller und einfacher geht als die Organisation einer gepflegten Familienfeier samt dem dazugehörigen kalten Büfett.

Exakt zu diesem Phänomen ließ schon vor einigen Jahren die angesehene Fachzeitschrift *Cyberpsychology, Behavior and Social Networking* eine Studie unter »Facebook«-Mitgliedern erstellen. Sie ergab, dass die Plattform von Menschen mit einer narzisstischen Grundhaltung besonders intensiv zur anschaulichen Eigenwerbung genutzt wird. Soll heißen: Wer ohnehin schon vor Bedeutung kaum mehr gehen kann, postet noch mehr Fotos als die anderen. Das auf diese Weise Mitgeteilte wird zudem in der Bedeutung massiv überhöht. Natürlich ist der gerade eingestellte Urlaub der allerschönste und das neugeborene Baby das allerhübscheste, obwohl der Drei-Sterne-Bunker aus neutralem Blickwinkel womöglich aussieht wie im Rohbau und das Kind abstehende Ohren besitzt und schielt.

Nicht nur aufgrund der Ergebnisse dieser Untersuchung muss man bedauerlicherweise sagen, dass »Facebook« die Schaumschläger stärker anzieht als die Zurückhaltenden und Bescheidenen – einfach, weil es ein sensationell großes Forum zur Darstellung des Egos bietet. Im Vergleich zu Herberts und Annis Campingplatz-Schnappschüssen aber, die nach dem einmaligen Vorzeigen auf immer und ewig in der Mittelschublade der Wohnzimmeranrichte verschwunden sind, hat das Präsentieren seiner privaten Peinlichkeiten im global-virtuellen Fotoalbum teilweise dramatische Folgen, die sich im ersten Moment noch gar nicht abschätzen lassen.

Zunächst einmal sollte es jedem klar sein, dass dort, wo sich beinahe eineinhalb Milliarden Leute mal mehr, mal weniger datengeschützt tummeln, auch jede Menge Kriminelle am Start sind. Und die nutzen das Veröffentlichungsverlangen so manches Nutzers natürlich nur allzu gerne aus. Mussten früher Einbrecher das Zielobjekt ihres Vertrauens noch mühsam tagelang observieren, hat der zeitgenössische Ganove das längst nicht mehr nötig. Laut einer Analyse, die von der weltweit agierenden Sicherheitsfirma Sophos angestellt wurde, geben über 40 Prozent der »Facebook«-Mitglieder private Informationen wie Geburtsdatum, Arbeitsplatz und Wohnort in ihrem Profil preis. Wenn also ein User das alles – am besten noch visualisiert – hinterlegt hat, ist es nach dessen euphorischer Mitteilung, endlich in den langersehnten, zweiwöchigen USA-Urlaub abgeflogen zu sein, kein großes Problem mehr, die Wohnung ausfindig zu machen und auszuräumen. Vom Effekt her verhält sich das in etwa so, als würde man vor der Abreise einen großen Zettel an die Haustür kleben, auf dem in neonfarbenen Buchstaben »Bin nicht da« und darunter am besten das Rückreisedatum steht. Für die nötigen Informationen über die Beschaffenheit der Umgebung sorgt im Idealfall dann noch ganz bequem der Dienst von Googles »Street View«.

Dass diese Art der Recherche in zwielichtigen Kreisen längst tatsächlich so gehandhabt wird, gaben einige Kriminelle sogar ganz offen zu: In einer bis dato einmaligen Befragung von 50 in Großbritannien verurteilten Einbrechern im Auftrag des Finanzdienstleisters »Credit Sesame« teilten knapp 80 Prozent der Täter mit, sich auf diese Weise online vorab über ihre potenziellen Opfer und deren Lebensumstände informiert zu haben. Sogar eine eigene Internetseite gibt's für alle interessierten Plünderer: »pleaserobme.com« – also »Bitte raub mich aus« – heißt sinnigerweise das Portal, auf dem die Kurzbotschaften, welcher Immobilienbesitzer gerade wo unterwegs ist, im Sekundentakt einlaufen. Das ist zwar mehr oder weniger ironisch gemeint, soll aber zumindest nach Auskunft der Betreiber ernsthaft auf die Gefahr hinweisen, der man sich mit zu arglosem Umgang mit persönlichen Daten aussetzt.

Selbst wenn man mit derart vertraulichen Infos spärlich umgeht oder gar keinen eigenen Account besitzt, droht noch der Verlust des Hab und Guts wegen eines privaten Datenlecks. Zumindest dann, wenn man Kinder großgezogen hat, die erfahrungsgemäß im Umgang mit »Facebook« deutlich unbedarfter sind als man selbst. Das zeigt der in österreichischen Medien viel beachtete Fall eines reichen deutschen Maschinenbauunternehmers: Der Millionär fand sein mit wertvollen Antiquitäten bestücktes Ferienhaus in Tirol bis auf den Terrakottaboden leer geräumt vor, als er es nach einigen Wochen Abwesenheit wieder mal aufsperrte. Die Polizei ermittelte, dass die 19-jährige Tochter zahlreiche Bilder vom letzten und praktischerweise gleich die Daten des nächsten Aufenthaltes am Zweitwohnsitz der Familie gepostet hatte – sämtliche Hausansichten inklusive. Tja, und offenbar waren unter den rund 600 Kontakten des Mädchens, die allesamt die guten Nachrichten empfangen hatten, nicht nur aufrichtige »Freunde«, sondern auch einige Lumpen mit mangelndem Respekt vor fremden Besitztümern.

Weil sich derartige Fälle in jüngster Vergangenheit häufen, denken erste englische Versicherungskonzerne darüber nach, die Prämie für Hausrats-Assekuranzen für jene Kunden zu erhöhen, die in sozialen Netzwerken Mitglied sind. Auf kurz oder lang wird sich auch bei uns der Begriff der Fahrlässigkeit auf den Umgang mit »Facebook« und anderen digitalen Daten ausdehnen.

Ein kleiner Trost mag da für alle Beklauten vielleicht sein, dass auch die Kriminellen selbst manchmal das Wasser nicht halten können: So wurde das professionelle Fiasko einer jugendlichen Einbrecherbande aus dem US-Bundesstaat South Carolina bekannt. Die prahlerischen Gelegenheitslangfinger stellten im Überschwang ihrer einträglichen Beutezüge auf ihrer »Facebook«-Seite immer wieder Bilder jener Objekte online, die sie kurz zuvor heimgesucht und netterweise auch gleich noch verwüstet hatten. Etwas ungeschickt war nur, dass die Täter sich auch noch darin »taggten«, also ihre Namen anzeigen und mit ihren Profilen verlinken ließen. Nachdem eines der Opfer über einen Link in seiner Freundesliste zufällig sein Haus erkannte, war die Festnahme der Truppe dann nur noch reine Formsache.

Übel kann es freilich auch ausgehen, wenn es Verbrecher nicht auf irgendwelche Objektdaten abgesehen haben, sondern schlicht und ergreifend auf Informationen über das Opfer selbst. Mit dem »Phishing«-Verdruss mussten wir uns schon beinahe seit der Erfindung der E-Mail herumärgern. Weil aber selbst im offenherzigen Online-Zeitalter bei den meisten Nutzern wenigstens noch ein paar allerletzte Lerneffekte zu funktionieren scheinen, ist heute kaum noch jemand so gutgläubig, einen Anhang zu öffnen, der einem eine kostenlose Probepackung Viagra oder ein paar Millionen Dollar eines in Nigeria verstorbenen, engen Verwandten verspricht. Deswegen haben die Digital-Diebe ihre Hauptaktivitäten inzwischen auf die sozialen Netzwerke verlegt. Hier heißt dieselbe Methode »Likejacking« und setzt darauf, dass der »Facebook«-Nutzer einer Nachricht von »Freunden« eben mehr vertraut als irgendeinem dubiosen Mail-Absender. Und so veranlasst eine vorgebliche Nachricht von einem »Freund« unter einem vermeintlich interessanten Betreff den User, auf einen unsichtbaren »Like«-Button zu klicken, unter dem die Falle dann zuschnappt.

Die harmloseste Folge dieses Klicks sind da noch zweifelhafte Spaß- oder obszöne Sex-Bilder, die sich umgehend öffnen und dann für die gesamte Kontaktliste ersichtlich sind. Zwar mag es höllenpeinlich sein, wenn ein paar Hundert Leute mitbekommen, dass man beispielsweise einen masturbierenden Affen auf seinem Profil zur Schau stellt, aber der kann einem wenigstens nicht das Konto plündern. Letzteres kann gleichwohl gut passieren, wenn der »Likejacker« weitaus finsterere Absichten hegt, als nur ein bisschen Spam zu verbreiten. Klickt man auf einen solchen mit hoher krimineller Energie programmierten Link, installiert sich – wie bei der guten, alten Viagra-Mail auch – in Millisekundenschnelle eine Schadsoftware auf dem Rechner, die einem im schlimmsten Fall sämtliche Passwortdaten oder Identitäts-Informationen abspenstig machen kann. Die Beispiele, bei denen das bereits passiert ist, gehen in die Hunderttausende. Dabei hat man das als Kind doch immer wieder beigebracht bekommen, dass man von Fremden nichts annehmen soll. Komisch, dass viele sich daran im Erwachsenenalter nicht mehr erinnern.

Doch zurück zu den Bildern. Die ein oder anderen unbefangenen Liebesgrüße aus der Lederhose haben in den letzten Jahren schon manchen Personalchef erheitert – und den Bewerber um einen möglichen Job gebracht. Natürlich spielt der Konsum von Alkohol in ungesunden Mengen bei den meisten fatalen »Facebook«-Fehlern die Hauptrolle. Aber auch offenherzige Oben-ohne-Ansichten, verräterische T-Shirt-Beschriftungen oder missratene Fotomontagen haben schon dazu geführt, dass eine Karriere beendet war, bevor sie überhaupt begann.

Obwohl das Thema so abgegriffen ist wie eine zehn Jahre alte Computermaus, nimmt die Arglosigkeit vieler vorwiegend junger Menschen offenbar nicht ab: Noch immer sind trotz gefühlter Dauerberichterstattung zu diesem Problemkomplex fast ein Drittel aller »Facebook«-Profile nicht geschützt und bei »Twitter« sogar erschütternde 90 Prozent aller Tweets für jedermann einsehbar. Und das, obwohl laut *Social Media Report* fast die Hälfte der deutschen Unternehmen die Netzwerke längst dazu nutzen, mehr über Bewerber und Mitarbeiter herauszufinden. Die umfangreiche »Facebook«-Recherche ist in vielen Betrieben gang und gäbe – zum Beispiel, um herauszufinden, ob der seit zwei Wochen krankgeschriebene Sachbearbeiter wirklich eine schwere Sommergrippe hat, was sich angesichts eines vor wenigen Tagen hochgeladenen Porträtbildes auf einer Segeljolle vermutlich getrost mit Nein beantworten lässt.

Identifikationskriterien für garantierte Blindgänger können außer frivolen Party-Schnappschüssen auch verheerende Rechtschreibschwächen in den Mitteilungen oder unangemessene Meinungsäußerungen sein. Fast immer ein Kündigungsgrund sind nach gängiger Rechtssprechung Beleidigungen oder falsche Tatsachenbehauptungen, sofern das Profil nicht nur für einen ganz konkret abgegrenzten, engen Kreis zugänglich ist. Weil aber die Leichtsinnigen niemals aussterben werden, dürfen wir nahezu wöchentlich Berichte lesen wie den jener offenbar unzufriedenen Sparkassen-Mitarbeiterin aus Sachsen-Anhalt, die für jeden ersichtlich einen »Facebook«-Eintrag ihres Mannes geteilt hat. Was an sich nicht verwerflich gewesen wäre, hätte nicht der Göttergatte unter dem Satz »Der Fisch fängt immer vom Kopf an zu stinken« ein abgewandeltes Logo des Arbeitgebers seiner Frau auf einem Porträt eines nicht mehr ganz frischen Herings platziert. Die Dame bekam die fristlose Kündigung, das Landesarbeitsgericht danach eine Menge zu tun. Und der Mann von uns das Prädikat »Tor des Monats«!

Immerhin hat er die Fotomontage selbst erstellt. Denn was bei eigenen Bildern allenfalls unangenehm ist, kann bei Bildern Dritter juristisch gesehen dagegen zu einem richtig teuren Fehlgriff werden. Denn »Facebook« ist vielleicht eine Datenkrake mit haarsträubenden Schutzbestimmungen – eines aber ist selbst das Zuckerberg'sche Milliarden-Imperium nicht, selbst wenn es manchmal den Eindruck erweckt: ein vollkommen rechtsfreier Raum. Und obwohl der Rechtsanwalt im Ranking der angesehensten Berufe irgendwo zwischen Börsenmakler und Bundestagsabgeordnetem rangiert, also ziemlich weit hinten, ist er auf jeden Fall vorne dabei, wenn es darum geht, neue Geschäftsfelder zu akquirieren.

Grundsätzlich gilt: Wer ein Foto auf seiner »Facebook«-Seite hochlädt, muss auch die Rechte daran besitzen. Und das bezieht sich nicht nur auf etwaige Aufnahmen von anderen Menschen, sondern auch auf Stadtpläne, Bedienungsanleitungen, Videos von Veranstaltungen, Screenshots, CD-Cover und vieles mehr. Das dürfte aber bei vielen Bildern, mit denen manche ihr Profil aufhübschen möchten, nicht der Fall sein. Daher steigt die Zahl der abgemahnten Internet-Nutzer seit Jahren massiv an – auf zuletzt mehr als 100 000 Fälle per annum, schätzt die »Interessengemeinschaft gegen den Abmahnwahn«, die inzwischen rund 40 Kanzleien auf ihrer Website aufgeführt hat, die sich auf diesen Fachbereich spezialisiert haben. Schon einzelne Verstöße produzieren schnell Verfahrenskosten von bis zu 2000 Euro. Experten schätzen, dass eine durchschnittliche »Facebook«-Pinnwand im schlimmsten Fall rund 15 000 bis 20 000 Euro an Strafen hervorrufen könnte – sei es wegen der Abbildung eines witzigen Politiker-Porträts, das ursprünglich von einer Nachrichtenagentur stammt, oder auch nur wegen des Ausschnitts eines Donald-Duck-Comics.

Gerade für jene, die eigentlich nur ein bisschen lustig sein wollen, kann es aus diesem Grund richtig ernst werden. Wie etwa für alle Anhänger der beliebten »Facebook«-Seite »Die peinlichsten Party-Fotos«. Diese und ähnliche Portale mit vielen ungewollten Schnappschüssen sind nämlich ein gefundenes Fressen für alle Abmahnkanzleien. Wer keine Erlaubnis dafür gegeben hat, sich beim feuchtfröhlichen Bierzeltbesuch für die Nachwelt verewigen zu lassen, braucht sich nur an einen entsprechenden Beistand zu wenden, der für ihn dann eine Klage wegen Verletzung des Rechts am eigenen Bild einreicht. Und die kann dann sogar diejenigen treffen, die das Foto nicht einmal gemacht, sondern nur geteilt haben! Erste Fälle wurden von den Gerichten bereits entsprechend gegen den Internet-Nutzer entschieden. Bei allen Nachteilen für Otto Normalverbraucher schafft es »Facebook« also wenigstens, einer Berufsgruppe eine zukunftssichere Einnahmequelle zu sichern: Fachanwälten für Urheberrecht.

Wirklich grenzwertig wird es dann, wenn die auf den Motiven abgebildeten Personen noch zu jung sind, um sich gegen die Zurschaustellung im Netz wehren zu können: Kinder kennen dieses Recht natürlich nicht, und begreifen können sie es erst recht nicht. Es obläge demnach ihren gesetzlichen Vertretern, über diese Eingriffe in die Privatsphäre zu entscheiden. Das ist aber natürlich dann hinfällig, wenn diese selbst für den eigentlichen Rechtsverstoß verantwortlich sind. Und so können wir Kenny auf dem Töpfchen, Keas erste Schritte oder Kim in der Badewanne bewundern. So manche frischgebackene Mama verwendet auch gerne das Porträt ihres Babys als Profilfoto. Wenn die Schnappschüsse dann noch mit den entsprechenden Kindernamen markiert werden, sind die Kleinen prompt im Online-Netzwerk vermerkt, noch bevor sie einen Impfpass haben. Dabei weiß jeder, der nahezu täglich den akribisch dokumentierten Entwicklungsfortschritt des Nachwuchses anderer Leute auf seiner Pinnwand angucken muss: Nichts ist nerviger als der Stolz frischgebackener Eltern! Der war zwar vor »Facebook« und Co. auch schon stark ausgeprägt, die Gefahren, die von kitschigen Pixie-Fotos oder verwackelten Super-8-Filmchen ausgingen, waren jedoch recht überschaubar. Das sieht inzwischen leider anders aus.

Selbst wenn einem bei dem Gedanken daran das Frühstück wieder hochkommt: Es ist leider kein Geheimnis, dass gerade Pädophile das Internet im Allgemeinen und soziale Netzwerke insbesondere nutzen, um ihre Fantasien auszuleben. Ein wenig am PC zu stöbern, ist schließlich viel bequemer, als auf dem Schwarzmarkt entsprechende Bilder aufzukaufen. Auch wenn es das Unternehmen nicht gerne hört: »Facebook« ist eine ideale und vor allem weithin legale Quelle, um an einschlägige Aufnahmen zu kommen. Und so landet manches süße Bild aus dem heimischen Planschbecken auf der Festplatte eines digitalaffinen Perversen, ohne dass die Eltern dies jemals erfahren!

Noch gefährlicher wird's nur dann, wenn Kinder selbst ein Profil besitzen. Obwohl »Facebook« offiziell eigentlich erst ab 13 Jahren genutzt werden darf, geben es laut einer Umfrage des »Medienpädagogischen Forschungsverbundes« die meisten der befragten Kids zwischen 6 und 13 als beliebteste Seite im Internet an. Mehr als 30 Prozent aller Zehnjährigen besitzen bereits einen eigenen Account.

Weil aber noch immer der Umgang mit Internet und sozialen Netzwerken nicht in jedem Bundesland als »Medienkunde« Einzug in den Stundenplan gehalten hat – und sich auch manche Eltern mit den komplizierten Sicherheitseinstellungen der verschiedenen Plattformen schwertun –, ist es kein Wunder, dass die Polizei Jahr für Jahr Hunderte

Fälle bearbeiten muss, in denen Sexualverbrecher mit einem gefälschten Zugang Kontakt zu Minderjährigen aufgenommen haben: Aktenkundig sind etwa die Beispiele, in denen sich ein Täter als Jürgen Klopp ausgab, ein anderer mit angeblichen Geschenken lockte und wieder ein anderer behauptete, für einen großen Freizeitpark zu arbeiten. Alle drei taten dies mit dem Ziel, möglichst viele Informationen über die Kinder herauszubekommen, die auf die Lügen eingegangen waren – oder sogar noch mehr. Was da alles passieren kann, darüber mag man nicht mal nachdenken.

Doch es muss noch nicht einmal gleich eine solch schwerwiegende Straftat drohen, damit einem Kind vermeintlich unverfängliche Online-Aufnahmen irgendwann um die Ohren fliegen. Unser Familienalbum konnte ich vor 30 Jahren noch unauffällig verschwinden lassen, wollte ich nicht, dass meine Mutter meiner Freundin Julia stolz die Fotos meines dritten Geburtstags samt dem von oben bis unten vollgekleckerten Trachtenhemd zeigt. Heute jedoch können viele Kinder keinen Schritt machen, ohne dass dieser auf »Facebook« dokumentiert wird. Einst hochgeladene und längst vergessene Fotos und Videos vom kleinen Wicht in vollen Windeln bleiben aber im unendlich großen, digitalen Bilderbuch, dessen Daten inzwischen Schätzungen zufolge 180 000 Server befüllen, auch nach Jahrzehnten noch bestehen. Und wer weiß heute schon, wie manche Mitschüler des schüchternen Sohnes oder der wenig selbstbewussten Tochter darauf reagieren, wenn ihnen eine solche Ansicht einmal in die Hände fällt. Mobbing ist auch in diesem Zusammenhang ein nicht zu unterschätzender Aspekt.

Grundsätzlich gilt: Die Verweildauer der meisten Bilder im Netz ist mit dem Prädikat »unendlich« einfach ein bisschen zu lang. Selbst wenn hochgeladene Dateien später wieder gelöscht wurden: Keiner weiß, wer sich die Fotos in der Zwischenzeit noch aus dem WWW gefischt hat – erlaubt oder auch illegal. Alleine auf der Webseite »archive.org« – einer Art gemeinnützigen und globalen Nationalbibliothek des Internets – sind über 450 Milliarden (sic!) alte Internet-Seiten gespeichert, die sich noch immer problemlos aufrufen und betrachten lassen. Und da kommen natürlich auch zahllose Dinge zum Vorschein, die besser nie mehr zu sehen gewesen hätten sein sollen.

Zumal sich mittlerweile die meisten unserer privaten Dateien nicht mehr auf der heimischen Festplatte und damit wenigstens mehr oder weniger in unserem Kontrollbereich befinden, sondern auf irgendeiner »Cloud«, wie die Provider ihre Rechenzentren malerisch nennen. Und auch wenn uns Dropbox, Apple, Telekom und Co. immer wieder versichern, die digitalen Wolkenkuckucksheime seien gegen Hochwasser, Erdbeben, Vulkanausbrüche, Meteoriteneinschläge und sonstige Katastrophen geschützte Hochsicherheitstrakte: Hacker-Attacken lassen sich durch einen zwei Meter hohen Schutzzaun und eine Feuertüre aus Stahl ebenso wenig zu 100 Prozent ausschließen wie der Missbrauch durch kriminelle Angestellte. Wir wollen gar nicht wissen, wie viele Gauner, Spinner und Spanner sich zumindest über einen Teil der Abermillionen Bilder amüsiert oder sich daran aufgegeilt haben, während diese von unseren Smartphones, PCs oder Tablets in die verschiedenen Clouds schwebten. Wenigstens überführt die metaphorische Datenwolke immer mal wieder die besonders einfältigen Exemplare unter den Dieben: So mancher iPhone-Räuber, der sich mit der eingebauten Kamera seiner Beute stolz fotografierte, hatte nicht auf dem Schirm, dass die Aufnahmen direkt auf dem Computer des rechtmäßigen Eigentümers landen. Das dürfte denn auch leider so ziemlich der einzige Nachteil sein, den der Fotostream für kriminelle Halunken hat!

Opa Herbert und Oma Anni mussten all diese Entwicklungen nicht mehr miterleben: Sie sind beide schon seit etlichen Jahren tot – erst starb mein Opa an einem Schlaganfall und wenig später seine Frau an gebrochenem Herzen. Als ich neulich beim Aufräumen des Speichers ein paar der alten Bilder-Boxen in die Hand bekam, die meine Eltern partout nicht wegwerfen wollten, hielt ich einige der Dias gegen das Licht und sah: einen übergewichtigen Mann in Badehose am Strand von Cesenatico. Ich dachte an die schier endlosen Abende, die ich als

Kind so sehr gehasst hatte und die mir jetzt noch mehr fehlten, und ich musste lächeln. Beim Gedanken an die Bilder von mir, die sich bereits jetzt außerhalb meiner Kontrolle irgendwo im luftleeren Raum befanden, könnte ich dagegen laut losheulen.

Weil wir auf »Tinder« nicht die wahre Liebe finden

Ich war gerade einmal fünf Minuten volljährig und stilgerecht mit Alex, Basti und Markus in der Stadt unterwegs, da beschlossen wir, unter dem enthemmenden Eindruck mehrerer Weizenbiere das Unvorstellbare zu wagen: einen Besuch im einzigen Stripteaseschuppen unserer Heimat! So hatten wir uns das seit Beginn unserer Pubertät vier, fünf Jahre zuvor vorgestellt und nicht nur in der »Oase« immer wieder in schillernden Farben ausgemalt. Und so würden wir das jetzt gemeinsam durchziehen, zumal ich der Letzte in unserer Runde war, der 18 wurde. Vor dem schmucklosen Laden mit dem unzweideutigen Namen »Sexyland« schlotterten uns die Knie, und wir hätten den furiosen Plan beinahe im letzten Augenblick wieder abgebrochen. Aber schlussendlich zückten wir alle stolz und beschämt zugleich am Eingang unsere Personalausweise und durften gegen einen Obolus von zehn Mark den grimmig dreinblickenden Türsteher passieren.
Wir marschierten an den Videokabinen vorbei in den ersten Stock. Kurz darauf postierten wir uns um einen Stehtisch in einem schummerigen

und schlecht belüfteten Raum herum. In der Mitte des Saales verteilte sich eine blonde, auf einer Drehscheibe sitzende Frau vor einer Handvoll anderer Zuschauer gerade eine Sprühflasche Sahne auf den Brüsten. Sie war vermutlich nicht viel älter als wir, durchaus hübsch, vor allem aber splitterfasernackt, was uns aufrichtig faszinierte. Zwar hatten wir alle, die wir da standen und mit offenen Mündern auf die Drehscheibe starrten, schon erste sexuelle Erfahrungen mit Mädchen gemacht, und eine barbusige Blondine stellte auch Anfang der Neunzigerjahre für einen Teenager keine wirkliche Sensation mehr dar: Wir lasen schließlich seit Jahren die *Bravo* mit der Kolumne von Dr. Sommer und der schlüpfrigen »Foto-Lovestory« sowie hin und wieder den *Playboy* mit all seinen guten, na ja, Interviews. Seit einiger Zeit sahen wir außerdem die Show *Tutti Frutti* auf einem neuen Fernsehsender namens RTLplus, in der am späten Sonntagabend zwei Kandidaten dafür sorgen mussten, dass sich ein paar Models nach und nach entkleideten. Dass man solche Dinge betrachtete und was man dabei dachte oder gar machte, das aber war – wie das gesamte Thema Sexualität – eher Privatsache.

Nach einer Stunde hatte das »Sexyland« für uns trotzdem seinen Reiz verloren, was aber weniger an den sich im Fünf-Minuten-Takt abwechselnden Drehscheiben-Damen lag, sondern eher an den exorbitanten Bierpreisen von zwölf Mark für ein kleines Pils. Als wir wieder an die frische Luft kamen, mit all den eben gesammelten Eindrücken im Kopf, war es uns vielleicht noch nicht klar, dennoch markierte dieser Besuch in einem Stripclub die letzte Schwelle von der Jugend zum Erwachsenenleben. Wir alle, die wir schweigend in dieser klaren Herbstnacht vor der blinkenden Leuchtreklame des »Sexyland« standen, waren nun endgültig keine Kinder mehr, sondern vollwertige Mitglieder der Gesellschaft, die im Prinzip alles durften – zumindest die Sachen, die der Gesetzgeber erlaubte. Und das Betrachten nackter Frauen gehörte dazu. Würde ich meinem 13-jährigen Patenkind diese Geschichte erzählen, würde es mich wahrscheinlich tröstend in den Arm nehmen ob meiner derart prüden Vergangenheit. Durch das Internet in all seinen freizügigen Ausprägungen kennt vermutlich jeder Sechstklässler bereits mehr Sexualpraktiken, als es sich selbst Casanova in seinen verwegensten Träumen hätte vorstellen können. Im Kino Händchen zu halten – wie ich früher mit Julia während der herzerweichenden und deshalb perfekt zum Anbandeln geeigneten Schnulze *Ghost – Nachricht von Sam* –, mag aus Sicht vieler Kids von heute höchstens noch für verklemmte Retros ein probates Flirtmittel sein. Dabei konnte es gar keinen besseren Ort für ein Rendezvous geben: Im Saal war es stockdunkel, und in dem einen Augenblick, bevor der Film begann, lag eine eigenartige Spannung in der Luft, die man nur mit einem behutsamen körperlichen Kontakt auflösen konnte.

So manche heutigen Teenager indes filmen sich lieber gleich selbst gegenseitig beim Geschlechtsverkehr, stellen die selbst gedrehten Pornos später online oder tauschen sie untereinander auf dem Schulhof aus. Und wer im echten Leben dennoch keinen Partner abbekommt, für den bietet das Netz zahllose Möglichkeiten, seine, und seien es auch noch so perversen Fantasien auszuleben. Für die Gewissheit, dass all dies unserer Gesellschaft auf Dauer nicht bekommt, muss man nun wahrlich keine soziologische Ausbildung gemacht haben.

Schon das Kennenlernen findet heute nach vollkommen anderen Mustern statt, als sie noch die Generation der gerade einmal 30- bis 40-Jährigen vor gut zwei Jahrzehnten gelernt haben: Eine von der Universität Chicago durchgeführte Untersuchung der Lebensläufe von knapp 20 000 jungen Erwachsenen ergab, dass über 30 Prozent der Befragten mit ihrem aktuellen Partner zunächst virtuell in Kontakt getreten sind. Lediglich 22 Prozent lernten den anderen am Arbeitsplatz kennen und nur 19 Prozent über den Freundeskreis. Das ist eigentlich ziemlich schade, denn früher musste man noch eine gehörige Portion Mut beweisen und seiner beziehungsweise seinem Angebeteten von Angesicht zu Angesicht gegenübertreten – oder wenigstens einen vertrauenswürdigen Freund mit der Übergabe einer möglichst kreativen Liebesbotschaft beauftragen. Ich zum Beispiel habe knapp ein halbes

Dutzend Anläufe allein auf der Jahrgangsstufenfeier aller achten Klassen meiner Schule gebraucht, um Julia dort endlich zu fragen, ob sie gelegentlich mit mir etwas unternehmen möchte.

Gegenwärtig aber kann man sich in Liebesdingen artikulieren, ohne wie ich damals in wenig vorteilhaftem Purpurrot anlaufen zu müssen: Statt einiger heimlich geschriebener Briefchen, die einst schüchtern unter der Schulbank hin- und hergetauscht wurden, bedient sich die Generation »Facebook« eher den etwas zeitgemäßeren Kommunikationstechniken. Wer etwa durch Freundschaftsanfragen oder Likes den Kontakt zu einer Schönheit bekommen hat, kann sich durch eine elektronische Nachricht mit dem vulgären Wortlaut »Ficken?« in vielen Fällen eine ganze Menge Arbeit ersparen. Ähnlich bequem kann man heute den ersten Schritt unternehmen, indem man die Auserwählte oder den Auserwählten anstupst. Hinter jenem Un-Wort versteckt sich der digitale Albtraum für alle altmodischen Romantiker: die automatisierte Sympathie-Bekundung für ein anderes »Facebook«-Mitglied. Die nervige Funktion hieß ursprünglich etwas weniger poetisch »Anklopfen« und wird in der englischsprachigen Originalversion seit jeher als »Poke« bezeichnet, was sich am ehesten mit »herumstochern« übersetzen lässt und den Kern der Sache eigentlich besser trifft. »Facebook« selbst definiert sie als »Funktion, die für unterschiedliche Zwecke verwendet werden kann. Zum Beispiel kannst du deine Freunde anstupsen, um ihnen Hallo zu sagen.«

Das aber könnte man, warum auch immer, natürlich viel besser auch auf andere Weise – etwa indem man den anderen einfach mal wieder anruft oder ihm wenigstens eine kleine Botschaft schreibt, wenn's denn unbedingt über das soziale Netzwerk laufen muss. In Wahrheit dient die Anstupserei vermutlich vielmehr entweder den Verklemmten oder aber den notorischen Aufreißern zur Kontaktaufnahme. Und so entstand eine weitere ganz komfortable Möglichkeit, anderen Menschen gehörig auf den Wecker zu gehen: Man muss dazu nur kurz auf die Computermaus drücken.

Natürlich empfiehlt es sich, diesen Nonsens einfach zu ignorieren. Zwar erlaubt es »Facebook« erstaunlicherweise lediglich, seine »Freunde« anzustupsen, dass sich aber darunter viele Menschen befinden, die sich in ihrem wahren Leben eine derartige Annäherung verbitten würden, habe nicht nur ich bereits gelernt. Die Vorstellung, ein Fremder könnte auf diese seltsame Weise Anteil am eigenen Profil und damit am eigenen Leben nehmen, war mir jedenfalls ziemlich unheimlich. Kriminologen betonen immer wieder, wie fließend die Grenzen beim noch immer oft unterschätzten Tatbestand des Stalking sind. Ein nicht beantworteter Stupser muss nicht zwangsläufig zu einer derartigen Psychose führen. Er kann es aber, denn der Auslöser eines solchen Verhaltens ist in aller Regel eine prägnante Enttäuschung oder Abweisung, die der Täter zuvor durch das Opfer erfahren hat.

In den USA musste sich bereits die Justiz mit der »Poke«-Funktion befassen: Hausfrau Dana H. hatte gegen ihre »Facebook-Freundin« Shannon J. geklagt, weil diese sie regelmäßig auf alle erdenklichen Arten behelligt hatte. Das Gericht im Bundesstaat Tennessee gab Dana nach eingehender Prüfung des Sachverhaltes recht und untersagte Shannon mittels einstweiliger Verfügung jegliche Art der Kontaktaufnahme – egal ob am Telefon oder persönlich. Doch kaum saß die derart Belangte zu Hause am PC, stupste sie die Klägerin, in deren Freundesliste sie sich erstaunlicherweise noch befand, auf »Facebook« an. Was nach Aussage von Shannon nur ein kleiner Spaß nach all dem Streit sein sollte, brachte der 25-Jährigen wegen des Verstoßes gegen die einstweilige Verfügung eine mehrwöchige Haftstrafe ein. Das Urteil erzeugte landesweiten Wirbel, weil darin die virtuelle Kontaktierung erstmals mit einer aktiven Form der Bedrängung gleichgesetzt wurde.

Dabei ist das Anstupsen noch die harmloseste Variante digitaler Verfolgung. Schließlich eignet sich kaum ein Ort besser als die sozialen Netzwerke, um anderen Menschen umfassend nachzustellen: Das neue Leben der Exfreundin, die aktuellen Fotos der Jugendliebe, die Freizeitbeschäftigung des Arbeitskollegen – all dies können andere Teilnehmer in den meisten Fällen vollkommen unkompliziert und ganz legal verfolgen. »Facebook« und Co. sind ein Eldorado für jeden, der sich hinter einem gefälschten Profil verstecken und so das Objekt seiner Begierde erst ausspionieren und dann inkommodieren kann. Eine Studie des Zentralinstituts für Seelische Gesundheit unter 6000 Netzwerk-Nutzern ergab, dass rund 43 Prozent der Befragten mehrfach durch zudringliche Kontaktaufnahmen belästigt wurden. Die Opfer litten unter Stress, Ängsten und Schlafstörungen. Über 80 Prozent von ihnen waren weiblich, die meisten Täter folgerichtig Männer. So wie im Fall der Hochspringerin Ariane Friedrich, die über Monate hinweg auf ihrer »Facebook«-Seite von einem vorgeblichen »Fan« sexuell behelligt wurde. Dass sie zuvor für alle »Freunde« ersichtlich ihre sämtlichen Lebensgewohnheiten wie Trainingszeiten oder Essensvorlieben transparent machte, gehörte nach dem Öffnen einer obszönen Nachricht samt angehängtem Penis-Foto der Vergangenheit an. Der Versender musste zwar knapp 1000 Euro Strafe zahlen, eine wirkliche Abschreckung für potenzielle Nachahmer aber stellte dieser Betrag kaum dar. Wer nicht gleich unter den Nachstellungs-Paragrafen 238 StGB fällt, aber trotzdem in Sachen Beziehung partout nicht weiterkommt, indem er wildfremden Leuten mit Anfragen zusetzt oder seine paar Hundert Kontakte der Reihe nach anstupst, muss im Datenuniversum freilich andere Hilfsmittel bemühen, um dem Single-Dasein zu entkommen – die zahlreichen Dating-Portale und -Apps zum Beispiel. Rund 2000 verschiedene Anbieter tummeln sich alleine im deutschsprachigen Raum und werben um die 16 Millionen einsamen Herzen hierzulande. Bei vielen von ihnen ist die Verzweiflung nach jahrelangen Entbehrungen offenbar riesengroß. Nur so lässt es sich erklären, dass über acht Millionen Erwachsene – so die von der Branche kommunizierte Zahl aktiver Mitglieder – tatsächlich daran glauben, ausgerechnet im Internet beispielsweise auf Akademiker oder Singles mit Niveau zu treffen. Also auf blitzgescheite Models wie etwa die 31-jährige, blonde und gertenschlanke leitende Angestellte »Vanessa«, die dem

Benutzer auf der Startseite eines Portals entgegenlächelt und die komischerweise trotz eines herausragenden Intelligenzquotienten, des überdurchschnittlich bezahlten Jobs und der Traummaße 90-62-90 schon sehr lange keinen adäquaten Partner mehr abbekommen hat.

Man darf getrost davon ausgehen, dass in kaum einem anderen Geschäftsfeld derart dreist mit den Hoffnungen einsamer Menschen gespielt wird wie hier. Die mittlerweile äußerst lukrative Branche macht einen Jahresumsatz von knapp 200 Millionen Euro – eine Steigerung von mehreren 1000 Prozent im Vergleich zu von vor zehn Jahren. Wie groß mag angesichts dessen und bei Abonnementkosten von bis zu 120 Euro pro Halbjahr wohl das Interesse eines geschäftstüchtigen Seitenbetreibers sein, seine Mitglieder schnellstmöglich mit dem idealen Partner zu verkuppeln? Daher stecken die Marktführer jeden verfügbaren Euro in die Werbung und gaukeln unter Zuhilfenahme skrupelloser PR-Experten und zahlloser professioneller Fotomodelle eine Welt vor, die es in Wirklichkeit so ganz sicher nicht gibt.

Um in diese Welt eintreten zu dürfen, muss man dann auch noch sein Innerstes offenbaren und sein bisheriges Liebesleben preisgeben. Was hier alles an intimen Daten in die Anmeldemaske wandert, unterläge in einem echten Gespräch mit einem Partnervermittler aus Fleisch und Blut ganz sicher der Schweigepflicht. Welche »psychologischen, anthropologischen oder soziologischen Kriterien« der Paarungscomputer dann letztlich aus dem Lieblingslied, den Hobbys oder der Leibspeise tatsächlich zusammenwürfelt und für einen anderen als ideale Kombination errechnet, bleibt dem Anwender selbstverständlich für immer und ewig verborgen.

Hinzu kommt, dass die Seriosität vieler Portale oft mehr als zu wünschen übrig lässt: Die »Stiftung Warentest« vergab in einem Vergleich von 14 Partnervermittlungen nur ein einziges Mal die Note »Gut«. Die anderen Unternehmen schnitten unter anderem deshalb teils miserabel ab, weil sie sich zu weit gehende Rechte an der Nutzung ihrer Kundenangaben einräumen oder bei der Datenübertragung viel zu wenig

Sorgfalt auf die Verschlüsselung legen. Auch manche Geschäftsbedingungen sind nach den Erkenntnissen der Tester absolut unzulässig, weil sie für den Kunden nachteilige Klauseln zu Kündigungen oder Rücktrittsrechten enthalten. In der Regel gilt: Mit der vermeintlichen Traumfrau oder dem vermeintlichen Traummann darf man erst dann Kontakt aufnehmen, wenn der erste Mitgliedsbeitrag bezahlt wurde. Und wer sich zu einer kostenlosen Probemitgliedschaft angemeldet hatte, der wurde mit Kontaktanfragen überhäuft, die natürlich erst dann eingesehen werden konnten, wenn der entsprechende Beitrag ebenfalls bezahlt worden war.

Auch mit der Wahrhaftigkeit der Mitgliederstruktur solcher Seiten dürfte es nicht weit her sein: Schätzungen zufolge sind zumindest bei den schwarzen Schafen bis zu zwei Drittel aller Konten reine Fake-Profile. Wie zum Beweis dessen wurden beispielsweise Mitte 2016 die Büros der Betreiber der Dating-App »Lovoo« durchsucht – aufgrund massiven Betrugsverdachtes. Der Vorwurf: »Lovoo« ließ seine Mitglieder von fiktiven Frauen anflirten, hinter denen sich sogenannte Promoter verbargen. Nach dem Stand der Ermittlungen waren fast 500 Promoterinnen gleichzeitig aktiv und brachten die gutgläubigen Kunden dadurch um insgesamt über eine Million Euro.

Sollte man sich dummerweise in ein solches Portal-Phantom verlieben, erscheint meist nur der lapidare Hinweis, dass die entsprechende Person leider vor Kurzem neu vergeben worden ist. Schade eigentlich, denn die jeweiligen Damen und Herren sehen normalerweise allesamt ziemlich gut aus, verdienen überdurchschnittlich und besitzen mindestens das Fachabitur. Kurios auch, dass bei »Friendscout«, »Neu.de«, »Parship« oder »Elitepartner« auch das Geschlechterverhältnis stets ausgeglichen ist – obwohl eine Studie der Schweizer Universität St. Gallen beweisen konnte, dass 70 Prozent aller Nutzer auf deutschsprachigen Kontaktseiten männlich sind.

Immerhin scheint langsam das Ende dieses fragwürdigen Booms erreicht: Seit Kurzem wachsen die fünf größten Portale umsatzmäßig nicht mehr so stark an wie noch in den Jahren zuvor. Weil der Kuchen also insgesamt nicht größer wird, nahmen sich manche Anbieter lieber gleich den Randgruppen an. So existieren eigene Dating-Plattformen für Hässliche (»theuglybugball«), Vegetarier (»veggiecommunity«), Übergewichtige (»mollipartner«), Seefahrer (»seacaptaindate«), Ärzte (»doctor-dating«), Star-Trek-Fans (»trekpassions«) oder sogar für Schwaben (»spaetzlesuche«). Französische Forscher schlussfolgerten angesichts dessen in einer 2015 veröffentlichten Untersuchung, dass viele Menschen mittlerweile nicht mehr ihre bessere Hälfte suchten wie früher – sondern eher ihr eigenes Spiegelbild, was einer gefährlichen Art sozialer Inzucht entspreche. Komisch auch, dass sich trotz aller neuartigen Angebote die Zahl der Ein-Personen-Haushalte in den vergangenen 20 Jahren um 50 Prozent erhöht hat. Einen Partner fürs Leben bietet also das Internet auch nur in den seltensten Fällen.

Etwas größer als die realistische Aussicht auf den Märchenprinzen oder die Traumfrau scheint zumindest die Chance zu sein, im Internet einen Sex-Gespielen zu finden: Mehr als vier Millionen Deutsche, Österreicher und Schweizer suchen inzwischen das unverbindliche Abenteuer auf einem Seitensprungportal. Ob mein Opa und meine Oma in den 60 Jahren ihrer vorbildlichen Ehe einander immer treu gewesen sind, kann ich zwar auch nicht mit hundertprozentiger Sicherheit beschwören, dennoch bin ich mir sicher, nicht nur diese beiden Menschen, die grundsätzlich gemeinsam durch dick und dünn gingen im Leben, würden sich im Grab herumdrehen, wenn sie wüssten, wie offensiv heutzutage damit geworben wird, seinen Partner zu betrügen.

Und das Bunga-Bunga-Business brummt: Allein der Marktführer »Ashley Madison« macht nach eigenen Angaben weltweit über 100 Millionen Dollar Umsatz. Für diese Zahlen sorgen die dortigen knapp zehn Millionen registrierten Fremdgeher, die zwischen Büroalltag und heimischer Familienidylle ihre sexuellen Fantasien ausleben wollen. Abgesehen von etwaigen sittlichen Verwerfungen oder Chlamydien-Infektionen ist diese Art der frivolen Freizeitbeschäftigung auch sonst nicht ohne Risiko: Zwar versprechen die meisten Unternehmen höchste Diskretion und buchen auf der Kreditkartenabrechnung die fälligen Beiträge unter unverfänglichen Betreffen wie »Online-Dienstleistungen« ab, weil aber vor allem bei Männern, die immerhin mehr als zwei Drittel der Zielgruppe solcher Fremdgeh-Seiten ausmachen, allein der Gedanke an Sex gerne das Gehirn ausschaltet, wird in diesem Geschäft natürlich ebenso mit gefälschten Angeboten abgezockt, dass sich die Betten biegen.

Jenseits der Schmuddelecke etablierte sich in den vergangenen Jahren die mobile Aufreiß-App »Tinder«, die unter vielen 18- bis 35-Jährigen Kultstatus genießt und nach eigenen Angaben alleine in Deutschland zwei Millionen Benutzer besitzt. Ziel von »Tinder« ist es vorgeblich, das Kennenlernen von Menschen in der näheren Umgebung zu erleichtern. So präsentiert die – nur zusammen mit »Facebook« funktionierende – Anwendung ihren Benutzern jeweils die Profilfotos, den Vornamen und das Alter einer anderen Person, die zuletzt in einem zuvor gewählten Umkreis in eine Funkzelle eingeloggt war. Anhand dieser Informationen entscheidet der Nutzer, ob ihn eine Konversation mit der anderen Person interessieren würde. Wenn beide Benutzer sich gegenseitig als interessant einstufen, erfahren sie dies und können eine Unterhaltung beginnen.

So zumindest die Theorie. In der Praxis hingegen wird »Tinder« oftmals für die unverfängliche Suche nach flüchtigen Sexualpartnern missbraucht. Außerdem sehen Psychologen das Blättern im virtuellen Menschenkatalog mit großer Sorge – immerhin müssten besonders labile Nutzer erst mal darüber hinwegkommen, von vielen Auserwählten als vermeintlich uninteressant oder unattraktiv abgelehnt worden zu sein. Zudem erschwere das Programm die Bindungsfähigkeit: Warum sollte man sich auf einen bestimmten Menschen festlegen, wenn der nächste nur einen einzigen Klick entfernt ist? Die verheißungsvolle Ungewissheit, einen womöglich noch attraktiveren Gefährten finden zu können, schwingt beim Gebrauch logischerweise immer mit.

Der Erfolg von »Tinder« und anderer Angebote zeigt, wie eklatant die Digitalisierung unseren Umgang mit Sexualität verändert hat. Gegen das, was hier passiert, war die Propagierung der freien Liebe seitens der Hippie-Bewegung in etwa so schamlos wie ein Disney-Musical am Broadway. Heute sind unfassbare 30 bis 40 Prozent des täglichen, weltweiten Datenverkehrs von ungefähr einer Milliarde Gigabyte rein pornografischen Inhalts – und die Deutschen sind im internationalen Vergleich am aktivsten: Knapp zehn Minuten besucht jeder Internet-Nutzer zwischen 9 und 99 hierzulande täglich im Schnitt eine Schmuddelseite. Dass unter den Betrachtern der vage geschätzten 400 Millionen verfügbaren Online-Pornos selbstverständlich jede Menge Minderjährige sind, macht die Sache nicht besser. Im Schnitt sind Kinder heute keine zwölf Jahre alt, wenn sie auf diese Weise die ersten Kopulationsfilme sehen. Der Zugang ist dabei keine Herausforderung: Der vorgeschaltete Hinweis auf die nötige Volljährigkeit lässt sich einfacher wegklicken als ein lästiges Werbefenster. Und selbst wenn die Eltern unter Umständen irgendwelche Sicherheitsfilter eingerichtet haben, dürfte diesen selbst ein ungeschickter Halbwüchsiger mit ein paar Kniffen knacken. Mit meiner behutsamen sexuellen Sozialisation vergangener Tage, die mit einem Poster von Sophie Marceau begann, mit Julia im Kino fortgeführt wurde und mit 18 schließlich im »Sexyland« ihren krönenden Abschluss fand, hat diese traurige Entwicklung nichts mehr gemein.

Neurologisch gesehen liegt das Problem vor allem darin, dass unser Gehirn sich die sogenannten »Lovemaps«, also die umfassende Vorstellung von Sexualität, nach und nach selbst bilden muss. Den Takt für unsere Fantasie geben dabei die verschiedenen Bilder vor, die wir ab dem Kindesalter bewusst und unbewusst beobachten. Solche Bilder können die Umarmung der Eltern sein, der Kuss der älteren Schwester, das Oben-ohne-Plakat von H&M – oder eben ein halbstündiges Gruppensex-Video auf »Youporn«. Je massiver die Bilder im frühen Stadium einer »Lovemap« ausfallen, desto größer ist die Chance, dass genau diese Eindrücke prägend für das spätere Verhalten sind. Selbst wenn sich ein Jugendlicher an den Geschlechtsverkehr, den er einst verstört und fasziniert zugleich auf dem Smartphone eines Klassenkameraden betrachtete, nicht mehr erinnern kann, kann diese Vorstellung noch Jahre später während der ersten sexuellen Erfahrungen das Verhalten beeinflussen.

Dazu kommt erschwerend, dass vom mehr oder weniger unspektakulären Blümchensex zwischen Männlein und Weiblein die knallharte Orgie oder noch extremeres Anschauungsmaterial nur ein paar Klicks entfernt sind. Nach einem Bericht der Zeitschrift *Geo* fanden Wissenschaftler heraus, dass weniger die Pornografie an sich, sondern vielmehr die Art der Sexszenen das Verhalten der Jugendlichen prägt. Demnach können etwa Softpornos mithin die Aggression junger Menschen sogar mindern. Hardcore-Filme oder Gewaltpornos wirken der Untersuchung nach dagegen genau gegenteilig: Je häufiger sich Jugendliche derartigen Darstellungen aussetzen, desto mehr verschwimmt die Realität mit der Fiktion – und die Betroffenen wollen sich auch im echten Leben ihre Befriedigung auf diese vorgeführte Weise holen.

Nur dass es dort leider oft nicht mehr so klappt, wie es soll: Wenn man mit zwölf oder dreizehn den Akt bereits in ein paar Hundert Varianten gesehen, selbst aber noch keinen entsprechenden Erfolg beim anderen Geschlecht vorzuweisen hat, setzt das gewisse Druckmomente für das eigene erste Mal frei. Viele Jungen fühlen sich den körperlichen Anforderungen der vorgelebten Stellungswechsel nicht gewachsen. Die meisten Mädchen wiederum geraten in einen schweren inneren Konflikt, weil sie selbst aus Ekel oder Scham nicht mitmachen wollen, was sie zuvor in den Filmchen gesehen haben. Dank des Internets züchten wir uns also möglicherweise eine Generation von Gefühlskrüppeln heran, die mit der täglichen 24-stündigen Verfügbarkeit von Sex in jeder vorstellbaren Ausprägung aufgewachsen ist.

Logisch, dass das Unrechtsbewusstsein dieser Kids in Bezug auf die Auswirkungen solcher Bilder nicht besonders stark ausgeprägt ist.

Nicht nur Paris Hilton oder Britney Spears wissen nun, dass es besser gewesen wäre, ihrem zwischenzeitlichen Partner das Smartphone oder die Videokamera wegzunehmen: Unzählige auf den einschlägigen Portalen vorhandene Amateurvideos werden für immer und ewig für Zigtausende Unbekannte sichtbar bleiben. Dass sich die ehemalige Topmodel-Kandidatin Gina-Lisa Lohfink vor Gericht dagegen wehren musste, von zwei Männern gegen ihren Willen missbraucht und dabei auch noch gefilmt worden zu sein, und das entsprechende Material erst gelöscht werden konnte, nachdem es mehr als eine Million Mal hochgeladen wurde, ist dagegen nicht mehr komisch, sondern einfach nur widerlich.

Beinahe folgerichtig erscheint in diesem Zusammenhang, dass es selbstverständlich längst spezifische Krankheitsbilder für die zumeist im wahren Leben eher einsamen Pornogucker gibt: Virtuelle Sex-Sucht ist nicht mehr nur ein verzweifelter Versuch abgehalfterter Schauspiel-Stars, endlich wieder ins Gespräch zu kommen, sondern laut einer amerikanischen Studie traurige Realität für immerhin rund ein, vorwiegend männliches Prozent aller Online-Nutzer, die als prägnantestes Symptom dieses Leidens im Schnitt elf Stunden pro Woche auf Sexseiten verbringen.

Immerhin kann man sich so selbst nicht mit irgendwelchen Krankheiten anstecken, was man von unseren Computern leider nicht behaupten kann: Gerade beim Cyber-Sex droht höchste Infektionsgefahr! Von den 100 gefährlichsten Webseiten in Bezug auf versteckte Schadprogramme, Trojaner und Co. befassen sich mehr als die Hälfte mit pornografischen Inhalten. Nach Recherchen eines Sicherheitssoftware-Herstellers enthielten einzelne verseuchte Seiten bis zu 50 000 unterschiedliche Bedrohungen für unsere Rechner. So kann ein kurzer Blick in die obszöne Studenten-WG die Festplatte für alle Zeiten ins Jenseits befördern.

Doch nicht nur im Elektronengehirn richtet die sexuelle Reizüberflutung großen Schaden an. Auch wir selbst leiden unter den Begleiterscheinungen der virtuellen Kontaktaufnahme – selbst wenn wir in einer intakten Beziehung leben! Hauptsächlich die Funktionen der sozialen Netzwerke haben Eifersucht und Misstrauen in ungeahntem Maß ansteigen lassen, selbst wenn dafür gar kein objektiver Grund wie einst der gute, alte Lippenstiftabdruck auf dem Hemdkragen vorliegt. Flirts mit den Exfreunden, Chats mit der Verflossenen oder die sehnsüchtige Betrachtung der Bikinifotos auf dem Profil der Nachbarin dürften keinem Partner gut gefallen. Psychologen zufolge sind »Facebook« und Konsorten in diesem Zusammenhang deshalb so gefährlich, weil wir hier lediglich eine oberflächliche Betrachtung vornehmen können, auf Zwischentöne aber verzichten müssen. Wenn man also zu Hause via »Facebook« mitbekommt, dass die eigene Freundin beim Mädelsabend ein Foto mit einem unbekannten attraktiven Mann gepostet hat, dürften die Irritationen erst mal groß sein. Ob der Kerl aber wirklich ein Nebenbuhler, der Wirt oder aber der zufällig anwesende Arbeitskollege ist, verschließt sich der oberflächlichen Betrachtung – und oftmals folgt Streit, der vielleicht gar nicht angebracht gewesen wäre. Nicht unwahrscheinlich, dass die dauerhafte digitale Eifersucht am Ende zur Trennung führt: Die angesehene amerikanische Anwaltsvereinigung AAML fand tatsächlich heraus, dass mittlerweile jede fünfte Scheidung in den USA auf »Facebook« zurückgeht. Ähnliche Beobachtungen machten Juristen in Großbritannien.

Längst ist es auch Usus, eine lästig gewordene Beziehung selbst über »Facebook« zu beenden. So mancher, der mit dem schönen Status »In einer Beziehung mit …« eingeschlafen ist, wachte am nächsten Morgen auf und stellte fest, nur noch »In einer Beziehung« zu sein – ganz ohne den Zusatz »mit«, weil der Partner über Nacht seinen Status geändert hat. Laut einer Untersuchung des amerikanischen Jugendmagazins *Seventeen* terminieren auf diese eher unpersönliche Art rund zehn Prozent aller Befragten ihr Liebesverhältnis. Angesichts dessen ist es kein Wunder, dass zumindest der Erfinder des Ganzen hier vorgesorgt hat: Mark Zuckerberg ließ seine Rechtsberater einen umfangreichen Ehevertrag mit Gattin Priscilla ausarbeiten. Dieser soll verhindern, dass die ebenfalls ziemlich clevere Dame irgendwann mit einem anderen Mann sowie der Hälfte der »Facebook«-Aktien stiften geht. Immerhin hat sich der Netzwerk-Gründer im Gegenzug zu einem anderen Passus überreden lassen: Laut Kontrakt ist Zuckerberg verpflichtet, wöchentlich 100 Minuten für nicht weiter definierte »Quality-Time« freizuschlagen – sowie eine ganze Nacht für Zweisamkeiten. Wirkliche Romantik sieht sicherlich anders aus, aber wahrscheinlich ist das noch die effektivste Möglichkeit, eine Partnerschaft in Zeiten sozialer Netzwerke und Dating-Apps aufrechtzuerhalten – wer, wenn nicht Familie Zuckerberg, wüsste das am besten.

Ich hingegen hatte das große Glück, meine Traumfrau ganz analog zu finden. Bis es so weit war, flossen zwar viele Tränen – bei mir und auch bei dem ein oder anderen Mädchen, das ich nach der Zeit mit Julia noch auf meinem weiteren Lebensweg kennenlernen durfte, die wahre Liebe aber traf ich erst mit Mitte 30 und auf eine ganz und gar altmodische Weise: Ich verguckte mich in eine neue Arbeitskollegin, die genauso war, wie ich es mir immer vorgestellt hatte – witzig, klug, charmant und hübsch; eine Frau, wie sie sich die Gaukler und Betrüger der Datingportale nicht schöner ausdenken könnten. Ich musste mich allerdings nirgendwo anmelden, brauchte sie nicht anzustupsen und erst recht nicht unter der Zuhilfenahme von »Tinder« zu kontaktieren. Ich fragte sie eines Tages, ob sie vielleicht mit mir ins Kino gehen wollte, was sie mit einem Lächeln bejahte.

Und dort, im dunklen Saal, in dem einen Augenblick, bevor der Film begann, nahm ich einfach ihre Hand.

Weil auf »YouTube« viel zu viele unnütze Dinge zu sehen sind

Wer früher als Künstler erfolgreich werden wollte, für den galt normalerweise eine eherne Regel: Er musste außerordentliche Fähigkeiten besitzen, eine Menge Glück haben, die richtigen Leute zur richtigen Zeit treffen. Vor allem aber musste derjenige große Anstrengungen für seinen Lebenstraum unternehmen. Nehmen wir nur einmal Rudolf Schock, der mir deshalb einfällt, weil er der absolute Lieblingssänger von Oma Anni war – zu Zeiten, als man den Begriff »Star« hierzulande nur mit einem Sperlingsvogel verband, das Wort »Idol« nicht verstand und selbst die Eltern derer, die einmal mit dem Internet Karriere machen sollten, noch nicht geboren waren.

Dieser Rudolf Schock also, im Kriegsjahr 1915 auf die Welt gekommen, verlor seinen Vater im Alter von acht Jahren und nutzte sein bereits damals vorhandenes Gesangstalent dafür, dass er schon als Knirps in einigen Lokalen seiner Heimatstadt Duisburg auftrat, um mit den paar

Pfennigen Gage seine Mutter zu unterstützen, die außer ihm noch vier andere Kinder zu versorgen hatte. Danach folgten entbehrungsreiche Jugendjahre, kleinere Engagements auf lokalen Bühnen, beinahe der Durchbruch in Bayreuth und ein weiterer Weltkrieg, der alles wieder zunichtemachte. Es sollte alles in allem gut zwei Jahrzehnte dauern, bis aus einem Buben mit herausragenden Fähigkeiten ein gefragter Interpret wurde, der eine eigene Schallplatte aufnehmen durfte. Und das galt, von einigen Ausnahmen freilich abgesehen, so oder so ähnlich bis in meine Jugend.

Der Siegeszug des Videoclips ab Ende der Siebziger vereinfachte den Weg zumindest in die musikalische Ruhmeshalle zwar etwas, trotzdem durchlief auch der absolute Mega-Star wiederum meiner Kindheit, der auf Postern und Starschnitten in Lebensgröße nicht nur mein Zimmer zierte, sondern die Teenager-Buden von Millionen Gleichaltrigen, eine harte Schule: Louise Veronica Ciccone hatte ebenfalls eine wahre Ochsentour hinter sich, ehe aus der begabten Schülerin mit einem Intelligenzquotienten von 140 die weltweit umjubelte Pop-Ikone Madonna wurde. Vor dem weltweiten Nummer-1-Hit »Like a Virgin« 1984 lagen Myriaden von Klavierstunden, Gitarren- und Schlagzeugunterricht, eine knochenharte Ausbildung zur Tänzerin sowie eine Tingeltour durch die Schwulendiscos der amerikanischen Autometropole Detroit; von den nächtlichen Nebenjobs als Kellnerin, mit denen sie ihren großen Traum finanzierte, ganz zu schweigen.

Nun kann man heute sicherlich darüber streiten, ob es noch ansehnlich ist, dass die Frau mit knapp 60 noch in Netzstrümpfen über die Bühne toben muss. Eines aber ist unstrittig: Madonna hat sich ihren Erfolg verdient. So wie die meisten anderen Künstler auch, die es damals ganz nach oben geschafft hatten.

Mittlerweile braucht man dafür im Idealfall nur noch einen Computer mit Internetanschluss und eine Kamera.

»YouTube« heißt der digitale Karrierebeschleuniger, der aus nahezu jedem Allerweltsgesicht wenigstens kurzzeitig einen Promi machen kann. Am 14. Februar 2005 wurde das Portal von drei ehemaligen PayPal-Mitarbeitern gegründet – wahrscheinlich, weil das Trio sich darüber geärgert hat, dass es beim bereits einige Jahre zuvor bekannt gewordenen Bezahldienst-Anbieter ein bisschen zu spät eingestiegen ist, um das ganz große Geld zu verdienen. Das änderte sich rasch: Schon ein Jahr später hatten die von der »YouTube«-Idee begeisterten Google-Vorstände dicke Dollarzeichen in den Augen und kauften den Herren Chad Hurley, Steve Chen sowie Jawed Karim ihre Videoplattform für umgerechnet 1,31 Milliarden Euro ab und machten die jungen Männer zu Multimillionären.

Als sei es noch nicht schlimm genug, dass für ein Unternehmen, das seinerzeit aus einem zugegebenermaßen ziemlich leistungsfähigen Server, vier Dutzend Mitarbeitern und einer Firmenzentrale oberhalb eines italienischen Schnellimbisses bestand, so viel Geld aufgerufen wurde wie im selben Jahr beispielsweise für einen deutschen Immobilienkonzern mit 30 000 Mietwohnungen, hat sich der Deal für Google auch noch tatsächlich gelohnt: Heute werden nach eigenen Angaben jeden Tag Videos mit einer Gesamtdauer von mehreren Hundert Millionen Stunden wiedergegeben und von mehreren Milliarden Menschen angeschaut. Auf einen normalen Monat hochgerechnet, ergibt sich so eine »YouTube«-Gesamtsendezeit von rund 500 000 Jahren. Das entspricht praktisch einem Film, der vom mittleren Pleistozän bis zur Gegenwart dauert – und das alle vier Wochen.

Mag sein, dass angesichts dieser irrwitzigen Datenmengen vereinzelt auch mahnende Botschaften zur Wahrung der Menschenrechte in Tibet oder zur Verschmutzung der Weltmeere in den Tiefen des Portals aufzustöbern sind. Aber die wirklich nachhaltigen politischen, philosophischen oder künstlerischen Botschaften findet man auf »YouTube« nicht. Stattdessen gibt uns die Seite erschütternde Einblicke in die Welt der Eigenbrötler, Selbstdarsteller und neuerdings auch der Terroristen. Dank der einfachen Benutzerführung erfreuen wir uns seit einigen Jahren an zahllosen Filmchen, in denen Babys das erste Mal in eine Zitrone beißen, Katzen sich auf den Teppich übergeben oder Fußballtorhüter gegen einen Torpfosten prallen. Das allein wäre vielleicht noch verschmerzbar. Und wenn jemand unbedingt seiner Umwelt mitteilen mag, dass er auf seiner eigenen Hochzeit angetrunken in die dreistöckige Sahnetorte gefallen ist, geschieht es ihm vielleicht sogar recht, dass ein paar Millionen Menschen über ihn lachen. Erstmals bedenklich wird die Geschichte dann, wenn mehr oder weniger talentfreie Leute wegen eines dreiminütigen Internetstreifens bekannt, berühmt oder sogar reich werden und in der Konsequenz bei Millionen Heranwachsenden der Berufswunsch »Internet-Star« alle realistischen Zukunftsplanungen zunichtemacht.

Dabei ist Geld verdienen mit »YouTube« gar nicht so einfach. Zwar ist das Hochladen von Videos an sich ziemlich simpel, was eine Erklärung für die Übersättigung an Mitschnitten beschämender Erlebnisse sein mag, partizipieren aber mag das Unternehmen seine Kunden nur höchst ungern lassen. Deshalb klingeln gewöhnlich allenfalls 20 bis 30 Cent in der virtuellen Haushaltskasse, wenn das niedliche Filmchen von der Playback singenden vierjährigen Tochter im Britney-Spears-Outfit tatsächlich ein paar Tausend Interessenten gefunden hat. Und auch an die paar Euro ist nur schwer heranzukommen, denn über Art und Höhe der Ausschüttung entscheiden die Macher der Website mehr oder weniger autark – transparente Konditionen gibt es nicht, und Beschwerden sind mangels Kontaktmöglichkeiten schlicht nicht möglich. »YouTube« selbst teilt hierzu nur mit, dass man seit dem eigenen Bestehen rund eine Milliarde US-Dollar an alle Rechteinhaber ausbezahlt hat. Angesichts der gigantischen Werbeumsätze von vier Milliarden Dollar jährlich dürfte das für den Konzern zu verschmerzen sein.

Gleichwohl gibt es natürlich auch eindrucksvolle Gegenbeweise. So kann man sich mit einem eigenen Kanal und der entsprechend regelmäßigen Bestückung desselben durchaus ein paar Tausend Euro pro Monat dazuverdienen. Und die 1000 meist frequentierten »YouTube«-

Channels generieren laut einer Hochrechnung der englischsprachigen Blog-Seite »Readwrite.com« sogar Einnahmen von jeweils durchschnittlich 276 000 Dollar pro Jahr. Der Schwede Felix Arvid Ulf Kjellberg ist unter seinem Künstlernamen »PewDiePie« derzeit der erfolgreichste YouTuber weltweit. Sein Kanal – eine Mischung aus Comedy und Videospielen – erreicht momentan 45 Millionen Abonnenten und kommt so auf knapp 7,5 Millionen Dollar Einnahmen jährlich. Kein Wunder, dass Hunderttausende vorwiegend junge Leute weltweit ihre Mitmenschen mit Schönheits- und Mode-Tipps, Sport-Übungen, Kochkursen oder Selbstkomponiertem versorgen möchten.

Ungleich höher für die Allgemeinheit ist der Nerv-Faktor, der entstehen kann, wenn erst einmal der berüchtigte »YouTube«-Hype ins Rollen gekommen ist. Bei uns fing das Unheil im März 2006 an, als drei türkischstämmige Jungs aus einer Laune heraus ein selbst geschriebenes Lied auf der noch recht neuen Plattform hochluden, das »Wo bist Du, mein Sonnenlicht?« hieß. Hätten sich die schief singenden Nachwuchs-Rapper mit ihren zu groß geratenen Seidenjacketts bei *Deutschland sucht den Superstar* beworben, hätte ihnen Dieter Bohlen vermutlich in drastischen Worten zu einer Karriere als Dönerschneider geraten. So aber machte der Clip im Netz rasend schnell die Runde. Auch weil das noch junge »YouTube«-Phänomen eine ziemliche Faszination auf die im Web 2.0 noch unerfahrene Webgemeinde ausübte.

So kam, was eigentlich nach den Gesetzen des Showbusiness gar nicht hätte kommen dürfen: Die völlig untalentierte »Grup Tekkan« tingelte dank der massiven »YouTube«-PR durch Fernseh- und Radiosendungen aller Art, eine Plattenfirma schleppte das stimmenschwache Trio ins Studio – und dank der so noch nie da gewesen Form des viralen Marketings schaffte es das Lied bis auf Platz 12 der offiziellen deutschen Single-Charts.

Bis heute haben das Sonnenlicht-Video auf »YouTube« selbst übrigens fünfeinhalb Millionen Menschen gesehen – so viele Platten hat nicht einmal Elton John von »Candle in the Wind« verkauft.

Der außergewöhnliche Erfolg dieses musikalischen Offenbarungs-
eids hatte die anderen Medien aufgeschreckt. Es setzte geradezu eine
Hetzjagd nach weiteren kuriosen Fundstücken ein, die sich noch auf
»YouTube« – und den damals noch etwas ernsthafter vorhandenen
Konkurrenzseiten – versteckt haben könnten oder die tagtäglich neu
dazukamen. Das wiederum provozierte immer mehr Menschen, ihre
vermeintlichen Fertigkeiten samt eigenen Ergüssen und Erlebnissen
ebenfalls online zu stellen. Die Nutzerzahlen explodierten, die Zahl der
bereitgestellten Filme auch.

In der Folgezeit lernten wir, dass sich Pfefferminzdragees und Diät-
Cola nicht miteinander vertrugen. Wir sahen dabei zu, wie ein voll-
trunkener David Hasselhoff einen Burger vom Boden aufklaubte und
verspeiste. Und wir betrachteten einen kleinen Jungen namens David,
wie er dank des offenbar etwas zu großzügig dosierten Narkosemittels
nach dem Zahnarztbesuch im Auto wirres Zeug redete. All das ver-
selbstständigte sich beinahe in einer Geschwindigkeit, die zuvor allenfalls von Eilmeldungen großer Nachrichtenagenturen bekannt war.
Und so stellt heute auch eine Hausfrau, die sich in ihrem Auto eine
Chewbacca-Maske aufsetzt und einen Lachanfall bekommt, eine der
Top-Meldungen in den Nachrichtensendungen der Fernsehsender dar.
Die Zugriffszahlen beliebter Clips gingen schnell in den zweistelligen
Millionenbereich. Völlig normale Leute wurden innerhalb weniger
Tage oder Wochen bekannt, weil ihre Filme immer weiter verschickt
wurden. Andy Warhols berühmter Ausspruch »In Zukunft kann jeder
für 15 Minuten Berühmtheit erlangen« war nie zutreffender. Manche
wurden nach diesen fünfzehn Minuten wieder vergessen, einige aber
wurden tatsächlich auf diese krude Weise im Netz entdeckt und erhielten ein ernsthaftes Engagement. Hätte etwa seine Mutter nicht seinen
nachmittäglichen Auftritt bei einem lokalen Talentwettbewerb mit der
Kamera aufgenommen und später am Abend auf »YouTube« eingestellt, hätte Justin Bieber vermutlich nie eine solche Karriere gemacht,
und zahllosen Vätern halbwüchsiger Töchter wäre einiges erspart ge-

blieben. Beispiele wie das von Bieber gibt es einige, Nachahmer millionenfach mehr.

Der Gipfel des Hypes wurde – zumindest vorerst – von einem Südkoreaner erreicht. Über zwei Milliarden Mal wurde das Video zum Song »Gangnam Style« angeklickt. Das machte Park Jae-sang alias Psy nicht nur schwerreich, sondern zu einem virtuellen Weltstar, der aktuell 400 Mal mehr Menschen erreicht, als Literaturnobelpreisträger Günter Grass es mit seinen gesamten Werken jemals tat. Ob derartige Ereignisse unsere Gesellschaft nun dümmer machen, lässt sich wahrscheinlich nicht belegen. Schlauer jedenfalls macht uns »YouTube« aber eher nicht. Denn neben der drastischen Verschiebung jeglicher Relevanzkriterien liegt eine große Gefahr vor allem in der Schnelllebigkeit, mit der solche Phänomene entstehen. Und zwar nicht nur für die gutgläubigen Träumer, die nach 50 000 Aufrufen an einem Tag noch an die große Karriere glauben und am anderen – wie besagte »Grup Tekkan« – schon wieder in der völligen Versenkung verschwunden sind und vermutlich auch nie mehr daraus wiederkehren werden. Auch wir Konsumenten leiden offenbar unter dem steten Austausch der Inhalte, die uns auf diese Weise vorgesetzt werden. So behauptet unter anderem der Buchautor und Wirtschaftsjournalist Nicholas Carr, der ständige Konsum von sich immer schneller abwechselnden Web-Inhalten wie »YouTube«-Videos habe gar zu einem beinahe vollständigen Verlust unserer Aufmerksamkeitsspanne geführt. Die Folge: Jungen Menschen fällt es immer schwerer, sich auf einzelne Dinge zu konzentrieren.

Auch und gerade in der Arbeitswelt schlägt sich diese Entwicklung immer drastischer nieder: So schätzte der Deutsche Industrie- und Handelskammertag (DIHK) den Schaden für die Unternehmen durch Mitarbeiter, die sich tagtäglich auf Webseiten wie »YouTube« herumtreiben, anstatt stringent ihrem Beruf nachzugehen, schon vor einigen Jahren auf 53 Milliarden Euro! Und weil in den nächsten Jahren die derzeit vielleicht noch vorwiegend jungen Nutzer von Angeboten des Web 2.0 nach und nach auf den Arbeitsmarkt drängen werden, könnte das völlig neue Verhaltensmuster von Mitarbeitern nach sich ziehen. Produktiver jedenfalls dürften die meisten Angestellten der Zukunft, die mit »You-Tube«, MyVideo und Co. aufgewachsen sind, eher nicht werden.

Selbst wenn manches, was da an lustigen Links in unserem Postfach landet, auf den ersten Blick nach einem ganz und gar harmlosen Spaß aussieht: Wir sollten uns bei aller Kurzweil zumindest ernsthafte Gedanken darüber machen, was »YouTube« mit seiner medialen Wucht heutzutage alles anrichten kann. Denn die Seite ist nicht nur dafür verantwortlich, dass korpulente Koreaner weltberühmt werden und sich unser einstiges Jugendidol Hasselhoff nirgendwo mehr blicken lassen kann. Das Unternehmen gibt nach seinem ureigenen Selbstverständnis auch denjenigen ein Forum, die besser keine Zuhörer gefunden hätten. Zwar haben die Unicef, Ban Ki-moon oder die Weltgesundheitsorganisation natürlich auch eigene Kanäle, aber eben auch Panik verbreitende Verschwörungstheoretiker, fantasierende Wirrköpfe, Links- oder Rechtsradikale aller Herren Länder – und auch und vor allem brutale Terroristen.

Und während die ernsthaften Videos der WHO regelmäßig nicht mehr als 1000 Betrachter erreichen, sind die Zugriffszahlen brutaler und blutrünstiger Inhalte dem Reiz des Verbotenen entsprechend um ein Vielfaches höher. So wäre der Erfolg des sogenannten »Islamischen Staates« ohne »YouTube« niemals denkbar gewesen: Erst durch die massenhafte Verbreitung seiner bizarren und oftmals an Grausamkeit kaum zu überbietenden Clips von Hinrichtungen, Sprengstoffanschlägen und anderem scheußlichen Propagandamaterial entsteht jene globale Öffentlichkeit, die von den radikalen Islamisten benötigt wird, um ihre Hass-Botschaften zu verbreiten. Auf diese Weise werden nicht nur für derartiges Gedankengut anfällige Menschen radikalisiert, sondern auch Bilder in die Köpfe von arglosen Kindern und Jugendlichen transportiert, für welche die Verbreiter früher vollkommen zu Recht ins Gefängnis gewandert wären.

Eine Zensur gibt es kaum: Bis die Betreiber ein Video sperren oder löschen, vergeht erfahrungsgemäß eine Menge Zeit – wenn das Portal denn überhaupt tätig wird. Mehr Sorgen als die gewaltverherrlichenden Thesen etwaiger Verfassungsfeinde bereiten den Machern nämlich ganz offensichtlich die seit Jahren schwelenden urheberrechtlichen Schwierigkeiten mit der Musik- und Filmindustrie oder der GEMA. Hier wird so mancher Clip schneller aus dem Netz genommen, als er eingestellt wurde, was eine recht eigentümliche Art der Prioritätensetzung ist.

Dass »YouTube« überdies auch außerhalb jedweder politischen Inhalte eine gefährliche Nachahmungswirkung haben kann, ist ebenfalls ein Effekt, auf den die Welt problemlos hätte verzichten können: Filme von Extremsportlern, Adrenalinjunkies oder einfach nur leichtsinnigen Lebensmüden gibt es zuhauf; die anerkennenden Kommentare finden sich gleich darunter. Auf diese Weise lassen sich auch solche Wahnsinnigen von der Netz-Gemeinde bejubeln, die auf einem Motorrad mit 180 Stundenkilometern durch geschlossene Ortschaften heizen, ungesichert auf Baukräne klettern oder auf einem Bein über Brückengeländer balancieren.

Dass der ein oder andere pubertäre Jugendliche ein Stück vom Ruhm abhaben möchte und sich ähnlichen Gefahren aussetzt, liegt in der Natur von uns Menschen. So hat ein 20-Jähriger aus dem bayerischen Dingolfing gleich seinen ersten »YouTube«-Stunt mit dem Leben bezahlt: Er ließ sich von Freunden auf einem Spielplatz-Karussell festbinden, das mittels eines Autos zum Drehen gebracht wurde. Während seine Kumpels die Handy-Kamera mitlaufen ließen, wurde der Jugendliche aus dem Spielgerät geschleudert und brach sich das Genick.

Doch es bedarf nicht einmal solch tragischer Auswüchse, damit ein paar Minuten selbst gedrehtes Material richtig Ärger nach sich ziehen können. Eine besonders bescheuerte Ausdrucksform der »YouTube«-Anhänger ist der sogenannte »Flashmob«. Hierbei rotten sich wildfremde Gestalten zusammen, um irgendeinen Unsinn anzustellen. Eine Kissenschlacht auf dem Marktplatz oder die hundertfache Burger-Bestellung in einer McDonald's-Filiale sind da noch die halbwegs amüsanten Varianten des kollektiven Quatsches.

Immer öfter müssen sich Sicherheitskräfte und Behörden jedoch mit den Folgen ausgearteter Flashmobs beschäftigen. So wie in München, als Hunderte junger Menschen plötzlich in die U-Bahn stürmten und sich dabei gegenseitig filmten. Das Resultat nach ein paar Minuten: wüste Ausschreitungen zwischen Teilnehmern, Bahn-Mitarbeitern und erschrockenen Fahrgästen, 120 hinzugezogene Polizisten und einige Tausend Euro Sachschaden; von den Kosten des Polizeieinsatzes ganz zu schweigen. Wer da noch lachen kann, wenn er das anschließend im Internet anschaut, muss wirklich ein Dummkopf sein.

»YouTube« und seine Ableger haben die mediale Welt innerhalb kürzester Zeit auf den Kopf gestellt. Noch ist gar nicht absehbar, inwieweit sich »klassische« Medien wie etwa das Fernsehen künftig verändern werden angesichts der enormen Wucht, die da binnen der vergangenen zehn Jahre im Internet entstanden ist. Angesichts der milliardenschweren Umsätze, die »YouTube« bereits heute erzielt, ist kaum zu vermuten, dass sich der Trend so schnell umkehren wird. Als einziger Trost für Menschen aus der Generation meiner Großeltern oder Eltern mag da nur noch die unglaubliche Menge des zur Verfügung stehenden Materials gelten. Selbst für den 1986 verstorbenen Rudolf Schock findet »YouTube« noch rund 30 000 Beiträge und Aufnahmen. Nun ist meine geliebte Großmutter zwar auch schon lange tot, aber an seinem grandiosen »Ach, ich hab in meinem Herzen« hätte sie sich sicherlich auch dann erfreut, wenn es aus einem Computerbildschirm heraus erklungen wäre. Schade daran ist nur, dass dieses Lied nur einen winzigen Bruchteil der Aufrufe von »Gangnam Style« hat.

Weil uns die Technik sogar krank machen kann

Es gibt Krankheiten, die sind so alt wie die Menschheit selbst. Obwohl die Natur noch frei von Umweltgiften war und die Nahrung keine Düngerückstände, Hormone, Antibiotika oder sonstigen fragwürdigen Beigaben enthielt, raffte unsere Vorfahren zum Beispiel schon der Krebs dahin: Der älteste bekannte Tumor setzte sich vor rund eineinhalb Millionen Jahren im Kiefer eines südafrikanischen Frühmenschen fest und brachte diesem nach einigen vermutlich qualvollen Monaten den Tod. Auf Java litten zahlreiche Eingeborene bereits vor knapp 700 000 Jahren an Muskelschwund, während dem ein paar Zehntausend Jahre später in unseren Breitengraden lebenden *Homo heidelbergensis* nachweislich eine Zahnbettentzündung zu schaffen machte, zu der sich zu allem Übel auch noch Arthritis gesellte.

Im Laufe der Evolution lernte der Mensch zwar erst aufrecht gehen und machte sich dann die Erde untertan, so wie es ihm im ersten Buch Mose beschrieben wurde, aber ob wirklich alles gut war, wie Gott nach dem Betrachten seines Werkes am Abend des sechsten Tages zunächst angenommen hatte, sei dahingestellt. Das Siechtum des Menschen wurde jedenfalls trotz seines rasanten Werdegangs immer schlimmer: Üble Geschwulste und Deformationen wie Wasserköpfe konnten Anthropologen zum Beispiel bei 5000 Jahre alten Knochenfunden nachweisen, später kamen eine Vielzahl an Erb- und Infektionskrankheiten dazu – wie Typhus, Pocken, Masern, Tuberkulose und Syphilis. Als die verbesserte Hygiene und die Entwicklung der Medizin diesen Gebrechen mehr und mehr den Garaus machten, sorgten wir kurzerhand eigenständig dafür, dass den Ärzten nicht die Arbeit ausging: An Zivilisationskrankheiten wie Karies, Herzleiden, Gefäßschädigungen, Diabetes, Bluthochdruck, Allergien oder Lungen- und Darmkarzinomen sind wir aufgrund falscher Ernährung, Bewegungsmangel, Rauchen und zu viel Alkohol weitgehend selber schuld.

Opa Herberts Schlaganfall etwa hatte seine Ursache zweifellos hauptsächlich darin, dass er seinen Lungen täglich zwei Schachteln »Lord Extra« zuführte, und seine jahrzehntelange Vorliebe für den Kräuterschnaps der Marke »Underberg« senkte das Risiko nicht wirklich. Zumindest sein Ableben kann man also nicht auf die zunehmende Digitalisierung schieben, aber als seien viele unter uns nicht schon verantwortungslos genug, verstärken seit einigen Jahrzehnten ausgerechnet die Maschinen, die uns dem eigentlichen Plan ihrer Erfinder zufolge das Leben hätten erleichtern sollen, die ganze Misere noch: Computer und Co. machen uns nämlich ebenfalls zunehmend krank.

Seit Anfang der Neunzigerjahre verbringt der durchschnittliche Zivilisationsmensch immer mehr Zeit vor dem Bildschirm – jedenfalls mehr Zeit als irgendwo anders in seinem Leben, außer vielleicht im Bett: Mehr als sechs Stunden täglich sitzt jeder von uns inzwischen an irgendeinem Monitor, sei es im Büro oder aber zu Hause. Dabei sind in diese an sich schon recht erschütternde Zahl noch all jene Glücklichen mit eingerechnet, die sich zumindest während ihrer Arbeit nicht mit einem Computer zu befassen brauchen – Bademeister, Oberförster oder Eisverkäufer beispielsweise. Beinahe die Hälfte aller

Erwerbstätigen muss sich aber notgedrungen beruflich mit einem PC herumschlagen.

Alleine diese Dauerbelastung an sich kann uns offenbar schon gehörig schädigen: Eine schottische Studie unter mehr als 4500 Angestellten ergab, dass diejenigen, die pro Tag über vier Stunden und mehr an einem Bildschirm verbracht haben, ein um 48 Prozent höheres Sterberisiko und ein um 125 Prozent höheres Risiko für Herzerkrankungen besitzen im Vergleich zu den Menschen, die allenfalls zwei Stunden ihrer kostbaren Lebenszeit dem PC opferten. Faktoren wie mangelnde Bewegung oder Übergewicht spielten in der Beobachtung der Mediziner übrigens keine Rolle.

Doch natürlich ist Letzteres zumindest die augenscheinlichste Auswirkung des technischen Fortschritts. Inzwischen ist mehr als die Hälfte unserer Bevölkerung zu dick. Kein Wunder: Während einer ganzen Stunde am Computer verbrauchen wir nur ungefähr 110 Kilokalorien – das ist nicht einmal halb so viel wie etwa beim Duschen. Eine nicht besonders überraschende flächendeckende Untersuchung von Schülern in Bayern ergab, dass jene Kinder, die viel Zeit vor dem Fernseher oder mit elektronischen Medien verbringen, doppelt so häufig unter Übergewicht leiden wie Gleichaltrige, die regelmäßig zumindest im Freien spielen. In absoluten Zahlen bedeutet das: Schon heute sind mehr als zwei Millionen Kinder in Deutschland korpulent, Tendenz steigend. Denn die zunehmende Zeit, die vor dem Bildschirm verbracht wird, steht Erkenntnissen von Sozialforschern zufolge in direktem Zusammenhang mit schlechter Ernährung. Wer viel im Internet surft, der isst nachweislich unregelmäßiger, quantitativ mehr und qualitativ schlechter – vor allem, weil insbesondere Heranwachsende oftmals deutlich intensiver auf eine Beschäftigung fixiert sind als Erwachsene und dadurch nicht reflektieren, welche Mengen sie nebenbei verschlingen.

Das bedeutet natürlich nicht, dass es nach dem Entwachsen aus dem Kindesalter vorbei ist mit den Gewichtsproblemen – im Gegenteil. Noch vor 30 Jahren war die Adipositas, also die krankhafte Fettsucht, kaum verbreitet. Heute ist sie zu einem großen gesellschaftlichen Problem in nahezu allen Industrienationen geworden. Dabei hat sie nahezu ausschließlich soziokulturelle Ursachen. Am stärksten betroffen ist – neben den 60- bis 69-Jährigen – die Altersgruppe der heute 29- bis 34-Jährigen; also genau jene Generation, die den Siegeszug des Heimcomputers und der Spielkonsole komplett mitgemacht hat. Tatsache ist, dass der Anteil adipöser jüngerer Menschen von Ende der Achtzigerjahre bis heute um knapp 50 Prozent angestiegen ist. Einhergehend mit dieser dramatischen Entwicklung sind selbstverständlich auch jede Menge gefährliche Folgeerkrankungen.

Dass etwa unsere Augen unter schlecht eingestellten Monitoren, winzigen Smartphone-Bildschirmen oder knallbunten, schnell wechselnden Spieloberflächen leiden, dürfte niemanden überraschen. Australische Wissenschaftler werteten für eine genaue Analyse zu diesem Thema insgesamt 40 internationale Studien von Augenmedizinern aus. Das Ergebnis: Die Kurzsichtigkeit hat in den letzten 30 Jahren signifikant zugenommen. Allein in Europa haben inzwischen 35 Prozent der gesamten Bevölkerung eine derartige Sehschwäche. Die Ursache hierfür liegt hauptsächlich darin, dass die meisten von uns zu nah an den Geräten sitzen. Unsere Augen sind für eine ständige Nähe zum Zielobjekt aber leider nicht ausgelegt, weshalb die Netzhaut hier fortlaufend gegensteuern muss. Und schon nach ein paar Jahren einseitiger Belastung verschwimmen die Bilder vor unserer Nase mehr und mehr, mit Schwindelanfällen oder Migräne als weitere Folgen.

Ein weiteres Problem, das durch die überbordende Bildschirmarbeit am Sehnerv auftritt, ist das sogenannte »trockene Auge«: Laut einem Bericht der *Pharmazeutischen Zeitung* konnte nachgewiesen werden, dass sich durch intensives und konzentriertes Blicken auf den Monitor der das Auge befeuchtende Lidschlag von fast zehn auf etwas über vier Mal pro Minute verringert. Weil dadurch aber viel zu viel Tränenflüssigkeit verdunstet, kann es schnell zu entzündlichen Veränderungen kommen.

Da können wir lediglich darauf hoffen, noch den Weg zum Orthopäden zu erkennen, der unsere Rückenschmerzen in den Griff bekommen soll, die wir aufgrund der permanenten sitzenden Tätigkeit inzwischen in der Mehrzahl verspüren. Obwohl es kaum eine unnatürlichere Haltung gibt als die, die wir an einem Computer einnehmen, ist es den meisten Arbeitgebern weitgehend egal, wie sich unser Körper dabei verbiegen muss. Um das Schlimmste zu verhindern, sollten wir mindestens 50 bis 80 Zentimeter Abstand zum ausreichend hellen Monitor haben, Ober- und Unterschenkel sowie Ober- und Unterarm müssten sich im rechten Winkel zueinander befinden, Tastatur und Maus eine Ebene mit dem Ellenbogen bilden und der Raum sollte tageslichtdurchflutet sein.

Sollten Sie einen Chef haben, der seinen Mitarbeitern all diese Voraussetzungen erfüllt, darf man Ihnen getrost gratulieren. An geschätzten 75 Prozent aller entsprechenden Arbeitsplätze werden diese Vorgaben dagegen nicht oder nicht ausreichend eingehalten. Auf teure ergonomische Möbel zu verzichten und noch die alten Röhrenbildschirme zu verwenden, spart der Firma kurzfristig vielleicht ein paar Euro. Unsere Krankenkassen kostet die Behandlung der allein durch die falsche Sitzhaltung hervorgerufenen Beschwerden allerdings stolze 20 Milliarden im Jahr.

Gegen all die Bandscheibenvorfälle, Wirbelsäulenverkrümmungen und verspannungsbedingten Qualen nehmen sich andere Technik-Wehwehchen geradezu harmlos aus. Trotzdem ist es aus biologischem Blickwinkel betrachtet überaus erbärmlich, dass der Mensch, der im Laufe der letzten Viertelmillion Jahre eine Menge tödlicher Seuchen und andere existenzielle Fährnisse zu überstehen hatte, sich heute einen Mausarm diagnostizieren lassen muss. Die im Englischen »Repetitive Strain Injury« genannte »Sekretärinnen-Krankheit« entsteht bei einer dauerhaften, einseitigen Belastung des zumeist rechten Armes – aber natürlich nicht nur bei diktatgeplagten Schreibkräften und dauergestressten Online-Brokern, sondern auch bei übermäßigen Spielern.

So lustig, wie die Diagnose erst mal klingt, ist sie allerdings nicht: Die Schmerzen können derart heftig ausfallen, dass man ihnen allenfalls noch mit einer Kortison-Behandlung Herr werden kann. Berufsverbände protokollierten in der Zwischenzeit sogar zahlreiche Fälle, in denen Patienten wegen der durch RSI ausgelösten Beschwerden depressiv und arbeitsunfähig wurden. In den USA und Großbritannien ist der Mausarm aus diesem Grund seit einiger Zeit als Berufskrankheit von den Versicherungen anerkannt.

Dieser offizielle Segen als neuartige Zivilisationskrankheit blieb dem SMS-Daumen bislang indessen noch verwehrt. Bei diesem befremdlichen Befund geht es um die Überstrapazierung durch übermäßiges Tippen auf dem Mobiltelefon, Hauptrisikogruppe sind die 14- bis 24-Jährigen. Erstmals nachgewiesen wurde die Diagnose bei einer 20 Jahre jungen Neuseeländerin, die sich im Jahr 2007 aufgrund einer akuten Sehnenscheidenentzündung in medizinische Obhut begeben musste. Die geplagte Frau konnte sich nicht recht erklären, wie es zu den Torturen in ihrer rechten Hand hatte kommen können. Als der behandelnde Arzt sie allerdings nach ihren Lebensgewohnheiten befragte, gab sie an, bis zu 100 SMS pro Tag zu verfassen – immerhin hatte sie einige Monate zuvor einen neuen Handy-Vertrag samt Nachrichten-Flatrate abgeschlossen. Was ihr der Doktor außer einer Salbe noch verschrieben hat, ist nicht überliefert – der Eintrag in die Medizingeschichte jedoch schon.

Mittlerweile jedoch ist der SMS-Daumen keine Kuriosität mehr. Im Gegenteil: Diese so erstaunliche wie unnatürliche Fingerfertigkeit ganzer Generationen führt sogar bereits zu ersten Mutationen. Schon vor über zehn Jahren berichtete der *Spiegel* über britische Gelehrte, die bei Jugendlichen eine zunehmende muskuläre Veränderung des Daumens hin zu einem »gewöhnlichen« Finger beobachteten. Vielleicht sind uns diesbezüglich Schimpansen, Gorillas oder Orang-Utans bald einen Schritt voraus und haben künftig als einzige Säuger eine opponierbare Hand. Aber diese glücklichen Primaten müssen sich ja auch nicht mit einem Handy herumschlagen.

Unser geliebtes Smartphone kann übrigens auch zu ganz anderen, eher unappetitlichen Begleiterscheinungen führen. Die zahllosen Bakterien nämlich, die durch das ständige Fingerwischen auf den Bildschirm von iPhone und Co. gelangen, wandern beim Telefonieren geradewegs auf die Wange des Benutzers. Kein Witz: Auf einem gewöhnlichen Smartphone-Display tummeln sich mehr Erreger als auf einer normalen Klobrille. So untersuchte das *Wall Street Journal* zufällig ausgewählte Firmenhandys und fand darauf Kolonien von Kolibakterien, deren Gastgeschenk für unser Immunsystem unter anderem widerstandsfähige Durchfall- und Magenerkrankungen sein können. Doch auch eine handfeste Grippe oder eine hartnäckige Augenentzündung lassen sich auf diese Weise leicht einfangen. Wer sein teures Lieblingsspielzeug nicht durch ein Alkoholbad unbrauchbar machen möchte, dem bleibt zur Gefahrenabwehr im Grunde nur die regelmäßige UV-Bestrahlung. Aber wer macht das schon?

Etwas umstrittener als die medizinisch leicht nachvollziehbaren mechanischen Auswirkungen von Computern und Handys oder die bakterielle Bedrohung durch Smartphones sind derweil die möglichen Folgen des viel zitierten Elektrosmogs für unser Wohlbefinden. Sicher ist, dass sich rund um den Computer – wie um andere Elektrogeräte auch – ein magnetisches Feld ausbreitet, während Handys, schnurlose Telefone und WLAN-Netzwerke ihrerseits ordentlich Strahlung an die Umwelt abgeben. Die Esoteriker unter den Wissenschaftlern sehen in den unsichtbaren Wellen, die uns nachweislich rund um die Uhr um den Kopf schwirren, eine Art gesundheitliche Apokalypse. So behaupten nicht wenige Strahlungsexperten, kabellose Internetverbindungen würden uns fortlaufend Energie entziehen und außerdem kontinuierlich unsere inneren Organe erhitzen – mit fatalen Folgen für Biorhythmus und Organismus.

Inwieweit genau wir uns alle in einer Art riesiger Mikrowelle befinden, die uns gegebenenfalls nach und nach weich kocht, ist ernsthaft schlichtweg noch nicht ausreichend erforscht. Komplett ausschließen lässt es sich allerdings nicht, dass all die Zweifler und Pessimisten unter den Forschern am Ende des Tages doch recht behalten, was leider auch keine besonders befriedigende Vorstellung ist. Immerhin könnten wir all diesen verhängnisvollen Auswirkungen der Moderne auf unsere Konstitution entgegenwirken – wenn wir denn wollten.

Angesichts all dieser ernüchternden Tatsachen lässt sich konstatieren, dass sich die Menschheit irgendwie rasant zurückentwickelt, seitdem Computer, Handys und Smartphones massenhaften Einzug in unser Leben gehalten haben: Von der einst stolzen Krone der Schöpfung mit wachem Geist und flinken Gliedern werden wir zum aufgedunsenen, kurzsichtigen und psychisch verkrüppelten Etwas, das industriell hergestellten Nahrungsabfall in sich hineinstopft und dabei zuckerkrank, kurzatmig und depressiv seinem möglicherweise jähen Ende entgegensieht. Die Entwicklung lässt sich nicht mehr verleugnen: Wir sind echt ganz schön fertig.

Weil das digitale Erbe sogar nach dem Tod Probleme bereitet

Die Testamentseröffnung von Opa Herbert war seinerzeit eine traurige Angelegenheit, weil vom einstmals respektablen Sparguthaben, das er sich in seinen 40 Jahren als Ingenieur bei Siemens hatte zurücklegen können, nach jahrelanger Pflegebedürftigkeit nicht mehr allzu viel übrig geblieben war. Oma Anni bekam als seine Witwe seinen alten Opel Rekord, obwohl sie gar nicht Auto fahren konnte, die umfangreiche Sammlung an Underberg-Devotionalien und ein Raiffeisen-Sparbuch mit 7500 Euro Guthaben. Ansonsten aber hatte Herbert uns allen nichts weiter hinterlassen – außer den Abertausenden Dias natürlich, die laut Testamentsvollstrecker unter den Verwandten aufgeteilt werden sollten, damit wir uns stets an unseren gutmütigen Lieblingsopa würden erinnern können.

So hatte er es festgelegt, als er dazu noch in der Lage gewesen war. Und so gingen auch meine Eltern und ich nach dem Termin nach Hause mit jeweils zwei schweren Kartons voller Urlaubsbilder aus den Fünfziger- und Sechzigerjahren, die ich ja allesamt schon aus meiner Kindheit kannte. Dabei hätte ich die Aufnahmen gar nicht gebraucht, denn ich trug wie wir alle den guten, alten Herbert ja ohnehin im Herzen.

Nicht auszudenken, um was wir uns hätten kümmern müssen, hätte Opa Herbert all seine Bilder nicht in Pappschachteln, sondern in einem »Facebook«-Account verstaut. Weil er jedoch sein Lebtag lang nicht einmal eine Filterkaffeemaschine fehlerfrei bedienen konnte, stellte sich für ihn die Frage nach einem derart neumodischen Plunder wie einem Computer oder gar einem Internetanschluss erst gar nicht. Doch die Generation, die ihr gesamtes Leben noch voll und ganz oder zumindest weitestgehend analog geführt hat, wird in absehbarer Zeit leider von der Erdoberfläche verschwunden sein. Zurück bleiben eines nicht allzu fernen Tages nur noch jene, die ihr Dasein praktisch von Anfang an mit einer Menge sogenannter »Freunde«, ihren Online-Providern und zahllosen Webseitenanbietern geteilt haben.

Darüber aber, welche enormen Herausforderungen das einmal mit sich bringen könnte, machen sich jetzt wahrscheinlich die allerwenigsten Gedanken, die seit einigen Jahren ein privates Detail nach dem anderen verschicken – und die angesichts regelmäßiger Online-Einkäufe und unzähliger Kommentare zu Gott und der Welt in den sozialen Netzwerken binnen kürzester Zeit mehr Daten von sich in Umlauf bringen, als Herbert das innerhalb mehrerer Jahrzehnte mittels einiger Hundert Rollen Agfa DD hatte bewerkstelligen können: Schätzungsweise 600 Gigabyte kommen bei einem durchschnittlichen »Facebook«-Nutzer bei einer Lebenserwartung von 80 Jahren alleine dort irgendwann durch Bilder, Videos und Texte zusammen. Diese Mengen befinden sich freilich auch dann noch irgendwo im irdischen Datenbestand, wenn ihr Erzeuger selbst bereits den Weg in die Ewigkeit antreten musste. Die »Facebook«-Seite von Yvette Vickers etwa lief – wie bereits geschildert – weiter auf Hochtouren, als der Körper der alten Dame schon lange jegliche Vitalität verloren hatte.

Wer sich zu Lebzeiten nicht mehr um die Löschung des Benutzerkontos kümmern kann, weil zum Beispiel ein Herzinfarkt schneller war als die digitale Vernunft, der hat ein echtes Problem. Oder besser gesagt: die Nachkommen haben es. Denn die müssen »Facebook«, »Twitter«, »Instagram« und Co. den Tod des Account-Inhabers erst einmal nachweisen. Das Nutzerkonto kann tatsächlich nur gegen die Vorlage von Geburts- und Sterbeurkunde abgeschaltet werden. Google verlangt zu allem Überfluss noch die beglaubigte Übersetzung der Dokumente ins Englische. Allerdings dürften die meisten Angehörigen nach einem solchen Schicksalsschlag deutlich Wichtigeres zu tun haben, als die Formalitäten der Daten-Giganten zu erfüllen, um nicht weiter Mitteilungen an den Verstorbenen von unwissenden Bekannten zu erhalten. Mag ja sein, dass so etwas dem ein oder anderen der statistisch vorhandenen 342 »Freunde« gefällt – aber denjenigen, die um einen anderen trauern, auf dessen Seite derartige Nachrichten einlaufen, wahrscheinlich eher nicht.

Weil viele Hinterbliebene mit solcherlei Angelegenheiten überfordert sind oder schlichtweg nicht über die Details Bescheid wissen, werden immer mehr Menschen nach ihrem Ableben zu Online-Untoten: Knapp 400 000 »Facebook«-Nutzer sterben jedes Jahr, während die meisten ihrer Konten weiter bestehen – oft als sogenannte »Gedenkseiten«, auf deren Pinnwand weiter zahlreiche Nachrichten eintrudeln, die per »Newsfeed« unter Umständen auch noch an alle bisherigen »Freunde« weitergeleitet werden. Ständig dadurch etwa an den tödlichen Verkehrsunfall eines jungen Menschen erinnert zu werden, um den man vielleicht gerade besonders intensiv trauert, ist keine recht erbauliche Vorstellung. Und wenn die letzten geposteten Worte des Toten möglicherweise nicht besonders freundlich sind, kann das die stille Würde des Augenblicks ebenfalls stark trüben.

Selbst wenn sich jemand des digitalen Nachlasses erbarmt, gilt es erst einmal herauszufinden, was der Verstorbene überhaupt alles im Web angestellt hat. Einfach ist das allerdings nicht: Die meisten Anbieter verweisen auf das Telekommunikationsgeheimnis und verweigern den Zugang zu Mail-Konten und dergleichen. Selbst »Facebook« wird hier ungewohnt pietätvoll und gibt keinerlei Daten Toter an Dritte weiter. Dadurch können nicht einmal die engsten Angehörigen sehen, mit wem der Dahingeschiedene zuletzt gechattet oder sonstige Nettigkeiten ausgetauscht hat. Mag sein, dass so immerhin der ein oder anderen trauernden Witwe die Erkenntnis erspart bleibt, dass ihr im Außendienst tätiger Ehemann in jedem seiner Zuständigkeitsbereiche eine dauerhafte Dienstreisebegleitung unterhielt und die jeweiligen Termine über seinen Account koordinierte. Andererseits bleibt eventuell eine latente Ungewissheit, nicht alles über einen nahestehenden Menschen gewusst zu haben, was auch nicht schön ist.

Dabei kann man noch von Glück reden, wenn der Verblichene nicht etwa kurz vor knapp noch ein paar Knebelverträge im Internet abgeschlossen hat. Die gehen schließlich ebenfalls auf den oder die Erben über – so wie alle anderen Online-Kontrakte auch. Abos, Mail-Zugänge oder andere Dienstleistungen müssen bezahlt werden, solange sie keiner gekündigt hat. Und wenn etwa die alleinstehende Oma mit dem Asien-Faible kurz vor dem Tod noch ein letztes Schnäppchen bei eBay gemacht und eine eineinhalb Meter hohe Buddha-Statue für den nach Feng-Shui-Kriterien angelegten Steingarten ersteigert haben sollte, dann müssen ihre Erben das Ding tatsächlich abnehmen, wenn der Verkäufer darauf besteht.

Klar, dass längst auch aus dieser Eigenartigkeit des Digitalzeitalters ein großes Geschäft gemacht wird: Virtuelle Nachlassverwaltungen, die sich schon zu Lebzeiten um eine vermeintlich sichere Passwortverwaltung und posthum um den vertraulichen Umgang mit unseren Daten kümmern, sind mit bis zu fünf Euro pro Monat ziemlich teuer, boomen gerade aber trotzdem. Auch Google hat inzwischen eine Testament-Funktion namens »Afterlife« im Angebot, über die ein Anwender von Google Plus oder der Inhaber eines »YouTube«-Kontos einen Angehörigen oder Bekannten bestimmen darf, der als legitimer Erbe für die angesammelten

Daten aus mehreren Jahrzehnten Online-Eifer infrage kommt. Außerdem kann man darin verfügen, dass die persönlichen Informationen automatisch nach sechs oder zwölf Monaten ohne eigene Aktivitäten gelöscht werden. Um herauszufinden, ob derjenige auch wirklich tot und nicht nur offline ist, schickt Google zur Sicherheit noch eine SMS.

Auch nach der digitalen Bestattung ist die Kreativität derer, die sich auf Kosten der Toten ihre Taschen füllen wollen, noch nicht erschöpft: Auf Portalen wie »Trauer.de« oder »Stayalive.com« können Verwandte und Bekannte ein Profil des Verstorbenen anlegen und auf Knopfdruck ihr Beileid aussprechen. Die englische Werbeagentur »Lean Mean Fighting Machine« geht sogar noch einen Schritt weiter und bietet unter dem Slogan »When your heart stops beating, you'll keep tweeting« einen Dienst an, der es ermöglicht, auch nach dem eigenen Dahinscheiden zumindest noch regelmäßig zu twittern. Das funktioniert über einen virtuellen Zwilling, der das Profil des Verstorbenen genauestens analysiert – und anhand von dessen Gewohnheiten weiterhin in seinem Sinne Nachrichten an die »Follower« verschickt. Was mir eiskalte Schauer den Rücken herunterlaufen lässt, könnte zumindest für manchen mitteilungsbedürftigen Prominenten in ein paar Jahrzehnten ein tröstlicher Gedanke sein, wenn derjenige von seiner Cloud herunterschaut.

Vielleicht bewahrheitet sich ja angesichts all dessen am Ende wirklich die Vision des Zukunftsforschers Ian Pearson, der für das Jahr 2050 eine »Digitale Unsterblichkeit« prophezeit, weil es seiner Ansicht nach spätestens dann möglich sein wird, den Geist eines Menschen auf eine Maschine zu laden und so zumindest seine Gedanken und sein Wesen zu konservieren. Bevor wir uns aber darauf verlassen, dass ein Automat für uns die Angelegenheiten übernimmt, die wir selbst nicht mehr regeln konnten, müssen wir selbst tätig werden.

Es reicht!

Die Feststellung, nicht einmal durch ein durchaus einschneidendes Ereignis wie den Tod aus der virtuellen Welt herauszukommen, ist überaus

171

erschreckend. Um weite Teile zumindest meines digitalen Ichs wieder zu eliminieren, sollte ich demnach am besten noch unter den Lebenden weilen. In diesem Fall ist wenigstens die Abkehr von »Facebook« eine wirkungsvolle Option. Der Abschied ist zwar mit einigem Aufwand verbunden, aber er ist immerhin möglich. Also habe ich mich nach reiflicher Überlegung und unter Abwägung aller Argumente entschlossen, das soziale Netzwerk wieder zu verlassen, bevor es wirklich zu spät ist! Als Fazit bleibt mir nach einer zwar verhältnismäßig kurzen, aber doch recht aufschlussreichen Mitgliedschaft, in Stefan einen alten und verschollen geglaubten Freund wiedergefunden zu haben, den ich demnächst besuchen werde, worauf ich mich aufrichtig freue – einerseits.

Im Gegenzug durfte ich mich bei einigen losen Bekannten plötzlich zu deren »Freunden« zählen – so wie 400, 500 oder 600 andere »Facebook«-Nutzer auch. Anstatt sich aber nur ansatzweise für mich zu interessieren, gelegentlich nachzufragen, wie es mir geht, und Anteil an meinem echten Leben zu nehmen, wie das bei einem Freund eigentlich üblich sein sollte, nahmen all diese Leute meine persönlichen Botschaften kommentarlos entgegen. Dafür teilten sie uns und allen anderen jeden noch so langweiligen Kleinkram aus ihren Beziehungen mit, stellten Fotos ihrer Haustiere, Kinder oder Urlaubsreisen online und führten Monologe über das Aussehen ihres Sojasprossensalates. Das alles will ich mir nicht länger antun. Ich habe in den letzten Monaten schon viel zu viel Zeit auf »Facebook« verbracht – und währenddessen offenbar bereits einen gewissen Realitätsverlust erlitten. Außerdem habe ich drei Kilogramm zugenommen.

Bevor ich also weiterhin eine Menge Zeit vergeude, aggressiv oder übergewichtig werde oder gar so ende wie Miss Vickers, mache ich mich im Einstellungs-Menü unter dem Punkt »Sicherheit« auf die Suche nach der Möglichkeit »Deaktiviere dein Konto«. Doch so leicht will sich »Facebook« offenbar nicht geschlagen geben. Um in letzter Sekunde zu verhindern, dass ich mich vorschnell aus dem Imperium verabschiede, bietet mir das Unternehmen gewissermaßen einen

Ausstieg auf Probe an. Diese Exit-Strategie ähnelt ein bisschen der umstrittenen Methode des kontrollierten Trinkens bei einem Gamma-Alkoholiker – und nennt sich hier »Stilllegung«. Sie bedeutet, dass alles, was ich seit dem Tag meiner Anmeldung eingestellt habe, für andere Nutzer unsichtbar wird. Meine »Freunde« finden meine Seite dann ebenso nicht mehr wie Google oder andere Suchmaschinen. Die Verantwortlichen hoffen offenbar, durch diesen Zwischenschritt eventuell kurzzeitig verärgerte Mitglieder doch noch besänftigen und am Ende behalten zu können – und drücken deshalb gleich mal auf die Tränendrüse: Bevor ich »Facebook« auf Zeit verlassen darf, sehe ich fünf willkürlich ausgewählte »Freunde« aus meiner Kontaktliste, denen ich angeblich fehlen werde.

»Stefan wird Dich vermissen« steht dort zum Beispiel samt dem Profilfoto des Hinterbliebenen – und der Möglichkeit, ihm noch eine Nachricht zukommen zu lassen. Da ich Stefan ohnehin am Wochenende wieder anrufen werde, um unser ganz reales Wiedersehen genauer zu planen, kann ich mir eine Mitteilung an ihn getrost sparen. Die anderen Kontakte, die mich angeblich vermissen werden, haben sich in den letzten Monaten rein gar nicht für mich und meine Belange interessiert. Ich bin mir ziemlich sicher, dass diese Menschen nicht einmal bemerken werden, wenn ich nicht mehr zu ihren »Freunden« zähle.

Und so widerstehe ich dieser durchaus cleveren psychologischen Kriegsführung des findigen »Facebook«-Algorithmus und brauche vor dem vorübergehenden Abgang nur noch eine einzige Frage nach dem Grund zu beantworten. Zwar ist das Unternehmen hier ungewohnt selbstkritisch und bietet mir Optionen an wie »Ich fühle mich auf ›Facebook‹ nicht mehr sicher«, »Ich finde nicht, dass ›Facebook‹ nützlich ist« oder »Ich sorge mich um den Schutz meiner Privatsphäre«.

Meine bevorzugte Antwortmöglichkeit »›Facebook‹ geht mir tierisch auf die Nerven, weil ich vor lauter sinnfreien Nachrichten, verstörenden Fotos und kommerziellen Werbe-Botschaften zu nichts anderem mehr komme« fehlt jedoch leider in der Liste. Zur Sicherheit klicke ich dafür

den Punkt »Ich möchte in Zukunft keine E-Mails mehr von ›Facebook‹ erhalten« an, mit dem ich mir die im Abstand von einigen Tagen in meinem E-Mail-Postfach eintreffenden Überredungsversuche erspare, wann ich denn nun endlich wieder in den Schoß der Milliarden-Familie zurückkehren möchte. Das werde ich nämlich ganz sicher nicht. Nach ein paar Wochen virtueller Abstinenz stelle ich erneut fest, wie viel sinnvoller ich meine Zeit nutzen kann, als minutenlang meine Timeline herunterzuscrollen oder dutzendweise Freundschaftsanfragen abzulehnen: Ich gehe wieder mehr an die frische Luft und treffe mich mit Alex, Markus oder Basti. Ich besuche Opa Herbert und Oma Anni auf dem Friedhof. Ich mache Sport und versuche, die Natur wieder etwas bewusster wahrzunehmen. Und ich beschränke meine digitale Präsenz auf den unvermeidlichen Computer in der Arbeit, ein bisschen googeln und das Smartphone. Das ist ohnehin schon genug! Ich entscheide mich also für einen vollständigen Abschied von »Facebook«. Der wird dann doch noch mal kompliziert: Erst muss ich mich durch das Menü »Hilfe« navigieren, dann nochmals den Quatsch mit der Stilllegung umschiffen, einige richtige Häkchen setzen und Bestätigungen eingeben, bevor ganz am Ende eines anstrengenden Weges die Frage aller Fragen kommt:
»Du bist kurz davor, Dein Konto zu löschen. Bist Du sicher?«
Ich bin sicher und gebe mit zittrigen Fingern mein Passwort ein. Und dann bin ich draußen.
Zumindest fast.
Wie ich herausfinde, passiert innerhalb der nächsten zwei Wochen mit meinem Konto erst mal – gar nichts! Hätte ich mich aus Versehen oder purer Gewohnheit in diesem Zeitraum wieder eingeloggt, ginge »Facebook« von einer kurzfristigen geistigen Umnachtung meinerseits aus und wideriefe kurzerhand alle Eingaben, die ich zuvor gemacht habe, so als wäre gar nichts passiert. Erst wenn ich mindestens 14 Tagen nichts mehr von mir hören lasse, gilt die Löschung.
Zumindest fast.

Innerhalb der nächsten 90 Tage passiert mit meinem Konto – ebenfalls wieder nichts! Meine Daten bleiben drei Monate allesamt bestehen, aus Sicherheitsgründen, wie es heißt. Erst danach habe ich mich endgültig aus den Klauen des Netzwerks befreit.

Zumindest fast.

Ein 149-seitiger Bericht der irischen Datenschutzbehörde aus dem Jahr 2011 konnte erstmals nachweisen, dass ein stattlicher Anteil dessen, was ich und all die anderen Nutzer im Laufe der Zeit bei »Facebook« eingestellt haben, offenbar für immer und ewig auf den Servern des Konzerns erhalten bleibt. Was genau auf den europäischen »Facebook«-Festplatten in Dublin lagert, verrät das Unternehmen natürlich nicht. Die von einem Wiener Studenten ins Leben gerufene Initiative »Europe versus ›Facebook‹« jedenfalls deckte auf, dass unsere Daten dort in mindestens 57 Kategorien unterteilt werden, wahrscheinlich aber noch in viele mehr. So viele verschiedene Eigenschaften hätte ich mir nicht einmal selbst zugetraut.

Doch was und wie viel auch immer es sein mag – es ist mir eigentlich egal. Sollen sie mit den ganzen Informationen über mich doch machen, was sie wollen. Sollen sie Bewegungs- und Benutzer-Profile von mir erstellen und mich auch ohne »Facebook«-Account mit zielgruppengerechter Werbung bombardieren. Sollen sie all meine getätigten Handlungen analysieren und versuchen, mein zu erwartendes Verhalten zu berechnen. Ich bin mir ziemlich sicher, dass all die schlauen Algorithmen nicht in der Lage sind vorauszusehen, wie mein Leben noch verlaufen wird. Ich weiß es ja nicht einmal selbst. So liegt es an uns allen, das Smartphone oder das Tablet auf die Seite zu legen und den Computer herunterzufahren.

Und einfach mal abzuschalten.